從0開始理解

線上線下的關係指南

人際關係心理學

波波工作室
(Pawpaw Poroduction)

楓書坊

前言

Pawpaw Poroduction 給讀者的話

大家好，我是Pawpaw Poroduction。

近年來環境變化，使得古典心理學已經不足以充分解釋心理傾向，加劇新型心理學萌生。雖然市面上有許多心理學書籍，但是舊有的方式已經無法確實解讀現代人的心理。為因應社會趨勢，撰寫這本介紹新型心理與人際關係的書籍。

舉例來說，隨著社交媒體的登場與普及，人們的認知機制也產生變化。在這之前會邊看他人臉色，邊拿捏彼此之間的距離，但是現在有越來越多場合，讓人不用確認對方反應，即可盡情說出自己的想法，進而影響人們的認知傾向。

此外，在新冠肺炎的肆虐下，與他人接觸的機會減少，在如此環境中要和他人和睦相處，就變得更加困難。

本書將帶領各位認識心理學基礎知識，同時探討新型心理傾向，並提供有助於構築良好人際關係的資訊。

那麼，趕緊一起踏入有趣的心理學世界吧。

Pawpaw Poroduction

登場角色介紹

里奧

驕傲兇猛種族的後裔，卻天生具備高度共感能力與溫柔個性。

小麗

好奇心旺盛的小老虎，和里奧是青梅竹馬。

阿零

對萬物都採取合理思考，絕對不肯犯錯的完美主義者。

玲子老師

用淺顯易懂的方式，溫柔教導大家各種事情的老師。

有強烈個性的人們

在職場或學校會遇到的那些很難相處的對象，強勢的個性讓周遭人苦不堪言。這類型的人在現代有增加的趨勢，所以必須理解和他們往來的方法。

心理學是從科學角度研究心理的學問

開心的
情緒

為什麼會產生
這種情緒呢？

心理學是運用科學方法，明確找出人心動向與行動方面的法則，而科學方法主要有以下幾種。

觀察法

觀察實驗參加者的自然行動，不會施加特定刺激，比較適合針對兒童的研究。

實驗法

對實驗參加者施加刺激或特定條件，進而觀察對方反應，是心理學廣泛使用的方法。

心理學到底是什麼樣的學問呢？

大多數的人被稱讚時都會感到高興，心情也會變好。

因為被稱讚就代表對方認同自己，給予自己良好的評價，也會覺得對方對自己有興趣或是抱持善意。人們受到認同、獲得良好評價、接收到善意的時候，自然會覺得高興。

心理學就是運用科學方法，明確找出人心動向與行動方面的法則。這裡最重要的就是「科學方法」，如果只是某個人憑感覺歸納出的法則，就不能稱作為心理學。**必須從科學角度探**

心理學研究與應用領域相當多元化。

究，蒐集數據後加以統計分析，才是心理學的基本。

◎什麼是科學方法

「科學方法」聽起來非常困難且門檻很高，但是實際上並非如此。

心理學實驗中最具代表性的科學方法是「觀察法」與「實驗法」。

觀察法，意指客觀地觀察實驗參加者，並記錄其言行。這個方法執行起來很簡單，但也有著難以解開原理的缺點。

實驗法，是對實驗參加者施以各式各樣的刺激，觀察參加者的行動，分析刺激與行動之間的因果關係，有時會準備問卷請參加者填寫。

心理學有助於構築與改善人際關係

很多人都苦於人際關係。

無論是學生、主婦還是上班族，與從事什麼職業無關，大家都有不知道該怎麼相處的對象。

人際關係心理學主要歸類在社會心理學，探討的是個人在社會中的行動，以及和他人之間的心理關係。為什麼會責怪他人？為什麼會對他人溫柔？心理學探討的就是這類心理傾向。

現代有非常多人苦於人際關係，日本厚生勞動省於二〇二〇年實施勞動安全衛生調查，可以看出現在承受強烈壓力的勞工當中，有27%的人壓力源自於人際關係，其中兼職人員更多達35・3%。

此外，Pawpaw Poroduction針對人際關係方面的問卷調查（二〇一〇年／3517人），結果也顯示有49・1%的人正苦於人際關係。心理學正是有助於減輕並改善這些問題的學問。

腦袋當機一片空白，

腦袋之所以一片空白，是因為不能失敗的情緒太強烈，陷入緊張狀態使思考機能停止。

透過心理學，就可以知道為什麼會這樣。

找到原因就可以避免這種情況，成為值得託付工作的人。

◎改善人際關係煩惱的心理學智慧

他人是怎麼看待自己的？該怎麼和有興趣的對象相處融洽？**人類如何評價他人？是否抱持好感？只要知道這部分的心理機制，就可以看出與他人的相處方式。**

此外，或許大家在公司都有不得不打照面的主管或同事，心理學也有助於改善與這類對象的關係。

只要理解人類的思考與行為模式，就能夠理解對方的想法，有助於整頓自己的心理。

想必能夠減輕人們因為人際關係造成的強烈壓力與煩惱。

是否擔心自己可能被討厭了呢？

我想想
我想想
優柔寡斷
嗎？

我說不定
被討厭了

心虛時容易覺得自己被討厭。

別在意
真的被討厭
也不會死

好，那我
改善自己的
優柔寡斷

覺得可能被討厭的時候，將其視為幫助自己成長的契機，不要過度在意，正面看待吧。

看到社交媒體上有人在抱怨時，會擔心是不是在說自己，該不會被討厭了吧？應該不少人都這樣想吧。

人們只要發生一點事情，就會覺得自己說不定被討厭了。

但是這類不安其實都是自己想像出來的。因為自己心虛，所以就會覺得有問題。內心深處認為「自己具備遭討厭的性質」，所以就會想像，其他人會敏感察覺到這件事情。

或者是說，認為自己任性的時候，就會覺得他人肯定會發現。平常因此感到心虛的人，很

日常多留意這些事情
就可以大幅降低被討厭的風險

1、對他人以禮相待
2、懷疑自己被討厭時，試著回想原因，立即修正並致歉
3、實在找不到原因時，有可能是自己的錯覺，請勿過於執著
4、暫時與對方保持距離

和他人相處時請多留意禮節，不要太過隨便，要確實打招呼，在聆聽他人說話時的姿勢要端正，光是這樣就會造成很大的差異。

容易覺得自己可能被討厭。

◎擺脫「可能被討厭」的心理

可能被討厭的感覺並非壞事，對此抱持適度的敏感度，有助於在回顧自己與他人溝通狀況時，修正自己的行為。也就是說**懷疑自己被討厭，日後就能夠實際避開被討厭的行為**。

將其視為改變自己的好事，有助於磨練自己的性格。因此覺得可能被討厭時，請明白這是幫助自己受人喜歡的敲門磚。

拿捏適度「距離感」的方法

信賴感應該有50%左右吧？
但還是要好好打招呼

不知道該怎麼拿捏距離感的人，
可以先將彼此間的信賴感分成5階段去思考。

近年來，越來越多人不曉得如何拿捏與他人的距離感，畢竟每個人覺得舒服的距離感不盡相同。自己認為的適當距離，與他人認為的適當距離可能不同。

拿捏距離感的另一項難處，則源自於新冠肺炎肆虐造成的身體距離，擴大了人們認為舒適的距離的差距。

◎「信賴感」化為數值測量距離感

遇到想進一步相處的對象，不曉得談話時如何拿捏距離感，可試著將信賴感化為數值。

（10%）剛認識不久，信賴感由此開始建立

・避免使用和親朋好友聊天時的用語
・不要探問私生活

（30%）有數次交談機會，稍微了解對方時

・仍然要維持有禮貌的用語
・不要主動詢問對方的私生活比較保險

（50%）聊到興趣、所處環境，私生活的話題

・言詞不用過度謹慎，但是仍別忘了禮貌
・可問家人或過去的事，先主動提及自己的事以加深關係

（70%）逐漸構築能夠互相商量的信賴關係

・用詞可以隨興，談話氛圍友善
・可以提及親朋好友較私密的事情，同時也可以表達自己的心聲

（90%）信賴關係建立

・什麼都可以聊
・以友誼來說可以稱為「好朋友」的關係

距離感因人而異，與他人相處時很難拿捏，請試著按照「彼此間的信賴感」，將距離感分為90%、70%、50%、30%、10%5個階段。

由於內心的距離是看不見的，所以要以信賴感評估，並具體分為5個階段。關鍵在於，要意識到他人對於自己的信賴感有多少「%」。

人與人剛認識時的信賴感頂多10%，採取的說話方式與提問方法，若與信賴感90%的人相同，造成不快也是理所當然。若感受彼此逐漸構築信賴關係，就能慢慢將信賴感提升到30%、50%、70%。縮短距離感非常重要，具體方法，將於第4章說明。

與「不合拍的人」相處的方法

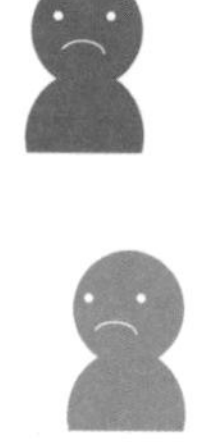
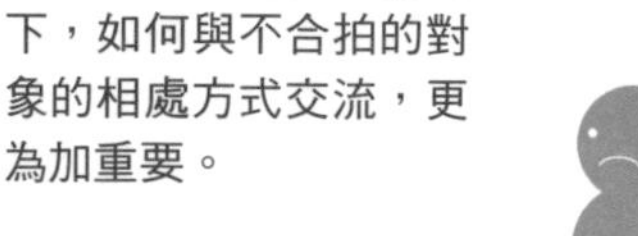

必須與各種人往來的現代，當然也可以著重於與合拍的人相處。

但是在無法避免的情況下，如何與不合拍的對象的相處方式交流，更為加重要。

公司與學校等社群並非都是合拍的人，會出現即使是自己不擅長應付的類型，仍必須與對方打交道的場面。

現代社會中，以自我為中心且缺乏共感能力的人有增加的趨勢，要和這些人相處著實令人疲憊。此外，在理解他人的時間與機會都有限的時代，要與不擅常應付的人構築互相理解的良好關係，實在是難如登天。

比起與合拍的人融洽相處，該如何與不合拍的人往來交流，才是現今最重要的溝通能力。

透過心理學得知如何與不合拍的人相處，以及對方的心理機制（為何會如此）是很重要的。

◎與不合拍的人相處至關重要

與不合拍的人相處非常重要，因此第5章將介紹如何與這樣的人相處。

首先本書會解釋討人厭性格背後的原因，如：總是否定、總是吹噓、好惡過度分明的人等。**理解他們的行為之後，再解說如何與他們更好地互動。**

將不合拍的人視為「有個性」的人，會使雙方相處起來更加輕鬆。讓我們來思考，如何與個性獨特的人交流吧！

人際關係重置症候群❶

人際關係重置症候群的案例

我不再玩Instagram的話，
會有人感到難過嗎……

把聯絡清單都丟掉吧……

社交媒體的互動太麻煩了，
全部捨棄吧。

有時會突然想切斷所有或是部分的人際關係。

網路與社交媒體世界經常形成新的心理傾向，舉例來說，現在有越來越多人會忍不住想整理人際關係。無論是網路還是現實生活，都有不少場合令人浮現「想放棄」的念頭。

但是卻有些人認為人際關係難以維持，進而重新整理往來對象，稱為「人際關係重置症候群」。從「症候群」一詞可以看出症狀五花八門，包括在社交媒體上宣稱「退出社交媒體」，或是每次換手機就會順便刪除聯絡人等，背後可能有多種原因。

為什麼會想要重置呢？

理由1　自尊偏低

根本沒人
在看我的貼文

覺得自己缺乏價值，沒人把自己當一回事，進而感到痛苦。

我不見的話
會有人擔心我嗎……

一股衝動想脫離社交媒體，想確認自己是否真的被需要。

◎理由1／自尊偏低

人們可以透過社交媒體輕易與許多人維持聯繫，但也因此會認為彼此關係疏遠，進而引發「或許沒人真心想和我往來」的想法。如此一來，可能會誤以為自己毫無價值。

自尊較高的人自認為有價值，所以行動時不容易受到他人的看法影響。

但是自尊偏低的人，若無法獲得他人認同，就無法自我認同。因此會試圖脫離社交媒體，藉此確認自己的價值與人際關係。

此外，自尊偏低的人在展開各種挑戰時，也有輕易放棄的傾向。

人際關係重置症候群2

為什麼會想要重置呢？

理由2　人際關係令人心累

必須幫別人按讚
或是回應留言
很麻煩

社交媒體不得不應付各式各樣的人與留言，非常麻煩。

理由3　無法與他人商量的性格

我沒辦法找人商量
嗚嗚

心事重重

不想給別人添麻煩、不想被干涉的想法很強烈、不想找別人商量，導致壓力不斷累積。

◎理由2／人際關係令人心累

無論是現實生活還是網路，若是有必須勉強自己才能夠維持的人際關係，就會在某天達到極限，忍不住想要重置人際關係。尤其是完美主義者，更容易累積壓力。

社交媒體會有許多不曉得自己真實身分的人，所以特別容易令人想重頭來過。但是重置之後，會因為與友人切斷聯繫，產生罪惡感與空虛感，進而再度結交新的人際關係，日後疲憊時又切斷，周而復始。

改善對策小建議

・努力提升自尊

敞開心胸接納自我否定的部分，將有助於提升自己的優點。

・不要執著完美的人際關係

容易因人際關係而疲憊，往往是因為追求完美，請避免對他人過度期待。

◎理由3／無法與他人商量的性格

有人際關係重置症候群的人當中，不少人是因為「無法找他人商量」的性格，原因是不想給他人添麻煩、不想被討厭，而不敢找人商量。這個傾向近年不斷升高，極度害怕被討厭的人正在不斷增加。

因此，想要重置人際關係時，請先意識到自己的自尊，試著不要自我否定，包容自己的弱點。從接納原始的自己開始努力，將有助於提升自己的強項與優點。

此外，容易因為人際關係感到疲憊的人，請別再事事要求完美，試著構築輕鬆一點的人際關係，並按照自己的步調去經營社交媒體。

1章 最新心理傾向關鍵字

2章

必須先了解的人際關係基礎心理

3章 網路、社交媒體的溝通心理學

4章 在現實與網路與他人和睦相處的心態

5章 有助於預防與改善關係惡化的心理學

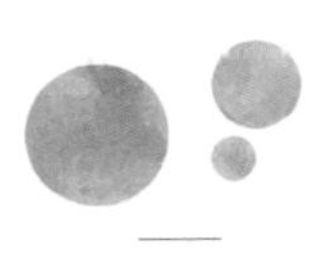

6章 促進對方行動並改變自己的心理學

※本書的「關鍵字」以心理學用語為主，也會搭配其他必須解說的詞彙。

1章

最新心理傾向關鍵字

心理最前線發生那些事情？首先介紹最新的心理傾向與運作機制，由於環境與溝通管道產生變化，我們的內心亦迎來劇烈的轉變。

隨時變化的人心，認識最近的心理傾向

◎人心一直在變化

人心是很不安定的，經常受各式各樣的影響而持續產生變化。本章要解說身處現代的環境，我們的內心會受到什麼樣的影響。

這裡所說的「內心」屬於廣義，包括人們的思維、情緒、意識、對刺激的反應、行為原理等，而「心理」則指內心活動與狀態。

想要知道隨時都在變化的人心動向，除了一般的心理知識外，也必須了解現代心理傾向。本書將具體舉例最新心理與其機制，並詳細說明。

◎造成人心變化的因素是什麼？

導致人心變化最具代表性的因素就是「環境」，包括家庭環境、職場環境與居住環境。

人們會深受社會環境影響，例如身處在充斥著傳染病蔓延等負面新聞的環境時，內心容易變得負面。

此外，**因為身分的改變，而造成性格或內心產生變化的例子也很常見。**

近來也出現受到「工具」影響的傾向，過度依賴方便的工具，逐漸無法接受不方便的事物，並感到煩躁，導致感覺與情緒出現變化。

造成內心變化的原因

人的內心（思考、行為原理）
會受到各種事物影響。

受環境影響

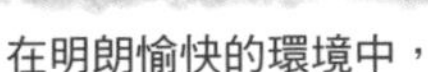

在明朗愉快的環境中，

想法與行為會變得積極。

在職場、學校、家庭等的角色
改變也會影響行為。

有時會因為使用工具的影響，
而對他人的情緒變得遲鈍。

角色效應

毫無責任感的學生，在成為班級幹部後就產生責任感，或是在公司升遷後就變得自動自發，這是因為人們會想表現得符合身分地位的心理，稱為角色效應。

KEYWORD

溝通障礙

是個人魅力！「溝通障礙」的2種類型

◎不擅長與他人對話

不擅長談話、沒辦法持續談話、無法看著別人的眼睛、搞不懂現場的氣氛等，社會上不擅長溝通的人逐漸增加，使得「溝通障礙」一詞逐漸普及化，成為就業活動與日常生活當中頻繁出現的詞彙。

二〇二二年，Pawpaw Poroduction透過Twitter舉辦問卷調查，發現有約84％的人自認為有溝通障礙，或是稍有溝通障礙，可以看出對溝通感到苦惱的人有增加的趨勢。

◎為什麼溝通障礙者會增加

為什麼不擅長溝通的人會越來越多呢？理由不只一種，**主因應該是由於工具的變化，導致溝通形式改變。**

在這個不必面對面就能夠對話的時代，別說電話了，還有電子郵件或社交媒體等交流管道不斷增加，人們不再需要與他人見面，甚至連講話的必要性都逐漸減少。

磨練溝通能力的機會減少，對此感到困擾的人自然就會逐漸增加。

溝通障礙的類型

溝通障礙大致上可分成 2 種（此處並非心理學的分類），一般人口中的溝通障礙，即是陰沉型溝通障礙。

陰沉型溝通障礙

- 無法大聲說話
- 個性消極無法向他人搭話
- 無法說出自己的想法
- 不擅長講電話
- 不想引人注意
- 缺乏自信

亢奮型溝通障礙

- 嗓門很大
- 愛裝熟
- 自我意識強烈
- 喜歡頻繁打電話或傳訊息
- 想引人注意
- 很有自信

整天戴口罩的生活，使得解讀他人情緒的能力變差。但有些人在口罩的保護下，變得能夠放心說話，這是一種自我隱藏的面具效應。

在以手機為主要溝通管道的時代，有溝通障礙困擾的人越來越多。

請不要負面看待溝通障礙，溝通障礙是一種個人特色。

溝通障礙

一般人所說的溝通障礙，與醫學上的溝通障礙，在症狀上稍有不同。醫學上是指無法正確發音，以及在語言學習或使用語言上有困難等，是非常難受的疾病，因此希望各位在使用名詞時能夠多加留意。

KEYWORD

害羞
怕生

不知道怎麼和初次見面者說話的理由

◎不擅長與初次見面的人談話

各位與初次見面的人說話時，是覺得有趣？還是覺得辛苦呢？

不善溝通的人當中，大部分的人都是因為「怕生」，而不擅長與初次見面的人談話。美國心理學家菲利浦・津巴多，曾調查5000名美國人，發現有4成的人會怕生。

Pawpaw Poroduction舉辦的人際關係問卷調查中，也發現「難以構築關係」這個煩惱在排行榜名列前茅。

◎克服怕生的方法

不擅長與他人接觸，其實是自我防衛機制的一種。「要是搭話後對方很冷淡怎麼辦？」、「要是對話無法繼續而陷入沉默會很尷尬。」因為產生這些負面的想像，所以就乾脆不要有任何動作，以避免失敗。

怕生並不是壞事，是一種個人特色。怕生的人請明白，自己只是需要花較多時間構築關係，不必以負面的目光看待。

如果希望培養自己的社交能力，推薦可以先從主動打招呼開始。

怕生的原因

怕生往往是過度在意他人對自己的看法，擔心對方說出負面話語，進而產生的防衛反應之一。缺乏自信、容易受傷的人當中，很多都有這種傾向。

怕生的應對方法

怕生不是壞事，這是個人特色，
請接受這樣的自己。

對他人保持興趣，就會引發「快樂」的情緒。陷入沉默時，不妨試著提問。

不必強迫自己說些什麼，談話內容對於印象生成並無太大影響，活力十足地打招呼更為重要。

怕生

不擅長與初次見面的人談話，想閃避他人的性質、性格，需要花較多時間，才能夠與他人建立關係，心理學稱此為害羞。如同幼兒看到陌生人時，會覺得害羞或是抗拒。

KEYWORD

自尊
自我肯定感
尊嚴

你有較高的自尊嗎？❶

日本人以自尊偏低聞名，針對日本、美國、中國與韓國高中生，以「我是有價值的人」之問題意識展開調查，美國與韓國的高中生回答「是的」、「大概是」約83％，中國高中生約80％，然而日本高中生卻只有約45％。

◎自尊偏低者的特徵

自尊偏低者容易陷入負面思考，凡事容易朝「肯定無法順利、肯定會失敗」的方面想像，這種思考迴路就是難以產生自信的原因之一，同時導致人們遇到困難時容易放棄，無法堅持到底。

◎無法重視自己

「我這種人沒什麼了不起的價值。」

像這樣無法重視自己、自尊偏低的人越來越多。自尊是指認為自己有價值的感情，又稱為自尊心。雖然有時用起來與「尊嚴」一詞差不多，但是**心理學中的「自尊」與「尊嚴」稍有不同。**

尊嚴內含希望獲得他人認同的想法，有時候會有傲慢、驕傲等負面印象，但是自尊並不會用在負面意義上。

「自我肯定感」與「自尊」

有時候的用法相通。

「自尊」意指認為自己是有價值的。

「自我肯定感」意指針對自己的行動與結果產生評價。

「尊嚴」有時帶有自豪的意思，但也常用於負面情況。

自尊較高者
自尊較低者
標語
募集中
原來是這樣
我要加油ー
我辦不到……

自尊較高者能執著於挑戰當中，自尊較低者缺乏自信會輕易放棄。

自尊較高者即使遭到批評也不為所動，自尊較低者未受到好評就無法肯定自我價值，還會遭受打擊。

我是有價值的，
不管其他人說什麼
都無所謂

你有較高的自尊嗎？②

◎自尊低下的理由

造成自尊低下的原因，首先談談「教育」的影響，求學階段以考試為主的評價系統，養成與他人比較的習慣，加上為了回應「雙親」的期待，而對雙親的評價過於敏感，進而造成自尊與自我肯定感低下。

針對大學生調查，學生生活擅長的科目與充實感會影響自尊；家庭方面與雙親建立互信關係自尊會較高。（豐田、松本／二〇〇四）。

此外，工具的影響力也很大。**隨時隨地能夠與他人比較的社交媒體，容易讓人覺得自己的存在價值偏低**。

◎提高自尊的方法

・認同自己是有價值的
・認同自己的情緒、行動，以及造就的結果
・不要在意他人的評價
・將缺點視為自己的魅力之一
・充實人際關係
・提升自己的優點

覺得自己的自尊偏低，請多留意這幾點。世界上可沒有毫無價值的人。

自尊偏低的主要原因

1

以名次決定優劣的教育系統，受到教師讚美的孩子有自尊較高的傾向。

2

想回應雙親的期待，而雙親未能正視孩子真正的模樣。

3

隨時隨地都能夠與他人比較的工具存在（社交媒體等）。

4

青春期時與朋友間的關係（遭受排擠或是同儕言論等）。

雖說自尊高比自尊低還要好，但也不是越高越好，所以請別再否定自己。人就是要有缺點才會迷人，請接受最真實的自己。

自我肯定感與野外活動

針對1753名國高中女生的調查發現，擔任過童軍的孩子自我肯定感較高。可推測炊煮、定向運動等會不斷達成目標的野外活動，有助於提高自我肯定感（片岡／二〇一一）。

KEYWORD

尊重需求

渴望被認同的心情隨著社交媒體產生變化

◎任誰都有「尊重需求」

發布照片或文字後，「讚」數增加會令人感到開心。因此，任誰都有的「尊重需求」，隨著社交媒體的普及逐漸高升。

人們想「被認同」的事物五花八門，像是已經擁有的物品、過去的經歷、付出的努力，或是所屬團體等。不過想被認同的情緒，現在已經出現明顯的改變。

◎衍生出新型態尊重需求

在某企業負責新人培訓的A，近來發現提醒新人事情時，很容易聽到「沒人教過所以不會（不知道努力的方法）」這種回答。原本認為是因為專業素養不足所致，卻在某天因為另一位新人所說的話而受到衝擊。

一如往常地請新人有不知道或不懂之處就要學習，對方竟回答：「我不努力，因為我一直以來不必努力就會受到認可。」

以前人們會因為努力過，而渴望這份努力受到認同，這份認同就如同努力的代價、報酬，所以會期望聽見「你很努力呢」這種話語。但是最近不這麼想的人卻增加了，他們期待的是**自己的「存在」獲得認同**。

尊重需求的類型

泡溫泉
很棒吧~

看看我的公仔收藏！

去了很棒的地方所以想炫耀一下、希望他人認同自己的努力、希望他人讚賞自己的收藏，以往人們追求的認同多屬這類。但現在出現新型態的尊重需求。

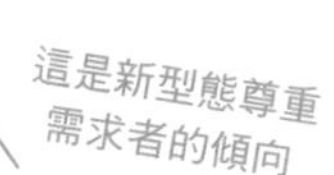
這是新型態尊重
需求者的傾向

新型態尊重需求者

- 不努力就想獲得認同
- 遇到問題時不想辦法解決
- 被罵時僅會單純感到不開心
- 拒絕去理解不明白的事物
- 抗拒所有麻煩的事物

尊重需求有時會有負面的印象，但卻是提升人類動力的重要功能。
請避免不勞而獲，以及透過謊言取得利益的行為。

尊重需求

希望獲得他人認同的需求，與自尊有著強烈關係。隨著社交媒體的普及化，人們可以窺見他人的生活片段，也能夠向他人展現自我，進而使得被認同的需求高漲。然而，人們想獲得認同的事物不盡相同。

該怎麼應付不努力卻渴望被認同的人

◎為什麼會出現新型態尊重需求呢

前項介紹的新型態尊重需求，在部分新人培訓或教育場所已經是無法忽視的問題。

擁有這種需求的人當中，不少都是接受過菁英教育，沒有體驗過挫折的人。處於雙親什麼都會幫忙想辦法的環境，這種傾向就會特別強烈。結果上大學或出社會才遇到挫折時，就會不曉得該怎麼跨越。

可以說，環境無法令他們學習如何反省失敗、修正與努力。換句話說，就是環境影響了內心。

◎改善方法

新型態尊重需求，需要的是「斥責」以及提供「改善方法」，但是請以講道理的方式，而非情緒化的責罵。

給予適度的改善線索，促進他們自己思考也很重要。先試著「讚美」對方，當對方出錯時再「斥責」，並「提供有助於改善的線索」。例如，對方準備的太慢導致遲到，不能只是說聲「別再遲到」，而是要詳細說明：「只要事前做好準備就可以避免，大家都很期待你的表現，不要辜負大家，下次多注意。」

提供線索幫助對方思考

這種情況該怎麼辦？
問題
非常正確！
正解

凡事都能夠立即找到解答的現代，讓人很難培養出努力的態度。所以不要馬上就提供答案，而是想辦法讓對方明白思考後習得的樂趣。

適度的指正

這是因為你最後沒有確認造成的
你失誤的話會拖累大家喔
但也是因為看好你
才交付這項工作的
好的

成功 → 自信

身為大人或主管的責任，並非在失敗後責罵，而是協助對方做好再次挑戰的準備。反覆體驗到小小成功，將有助於認同自己的價值。

有時候必須指出錯誤，但並非情緒化的責罵，必須確實告知原因與造成的影響，當然也可以傳達自己的情緒。

嗯～
我想
被認同
為了獲得認同
而努力看看吧

渴望被認同並非壞事，請用來幫助自己成長，你肯定可以的。

新型態尊重需求

不想要藉由某種成果獲得認同，想在不努力的情況下獲得認同的感情與需求，近年已經出現在部分年輕人身上。本書為了與一般尊重需求有所區分，而取名為新型態尊重需求。

給予建議反而招致怨恨!?

◎將所有意見視為攻擊

越來越多人會在社交媒體上攻擊或反駁別人，通常會認為是因為個性較具攻擊性。但是近來，普通人或是心思較細密、不愛起爭執的人，也出現相同狀況。

某些自認為心思細密的人，卻凡事不抱怨就不暢快，甚至會以自言自語說壞話的方式反駁他人。

這是因為**受害者意識強烈，認為不符合自己想法的意見都是「攻擊」**，對於他人給予的建議，會視為是在批評自己。

◎活用細密的心思獲得幸福感

心思細密的人對感受會更加敏感，若是認為「問題出在自己身上」就會感到痛苦。為了自保，會試圖解讀話語背後含意，想著「我沒錯」、「是那些持不同意見的人有問題」、「他們心懷惡意」，本書稱之為「玻璃心攻擊者」。**此外，當人們身處於充斥著陌生人，以及個人意識較為薄弱的環境時，也會變得更具攻擊性。**

如果將細密的心思，運用在創作上，或是人際關係當中，或許會讓生活更加平順，進而獲得更多幸福感。

負面解讀他人建議的「玻璃心攻擊者」

心思細密的人對痛苦敏感，即使他人只是建議調整或改善，內心會因此感到不適，進而將其視為他人的攻擊或誹謗中傷。

本書稱這類型的人為玻璃心攻擊者。

不要和玻璃心攻擊者扯上關係比較保險。

擔心自己可能就屬於玻璃心攻擊者也不必擔心，能夠有意識地反省自己就沒有問題，因為玻璃心攻擊者最大的特徵，在於無法自我反省。所以請將這份細密的心思，活用在日常生活中。

KEYWORD

共感能力
血清素
損失規避

不知道對方在想什麼

◎越來越多缺乏共感能力的人

具有攻擊性的人逐漸增加，造成缺乏共感能力的人逐漸變多。這些人只能接收到他人言行的表面，進而做出批判或攻擊。

舉例來說，某個人犯錯後就會直接指責對方：「這是你自己該負責的。」完全無法站在對方立場思考為什麼會失誤？是不是身體不適？會不會有什麼苦衷？單憑自己的理論認定「肯定是這樣」。

◎共感能力變差的原因

共感能力變差的其中之一原因，即是分泌血清素的神經活化程度不夠。血清素減少，共感能力就會變差。有時飲食、行為與生活習慣等，會導致血清素無法順利分泌或運作。

另一大原因則是**「損失規避」的念頭加重，更重視避免損失**。各位或許會覺得意外，現在已經證實不想蒙受損失的情緒，與共感能力之間具有關聯性。

能夠透過社交媒體看到他人生活樣貌的現代，很容易覺得自己比他人不幸，得失心也會更重，進而造成內心不由自主地避免自己的損失，而非同理他人的立場。

共感能力變差的原因

大家都好狡猾
我不想受傷害……

怎麼不說話

■損失規避心態的提高

社交媒體普及化，讓人更容易覺得自己比較不幸、蒙受損失，所以更在意自己不要受到傷害，而非試圖同理他人的想法。

■血清素的減少

血清素分泌降低時，共感能力也會變差。不僅對睡眠造成負面影響，平常也會容易感到煩躁。

■溝通工具的改變 以訊息為主

溝通方式產生改變，想說什麼就直接說出來，也可能扼殺共感能力的培養機會。

總而言之
先寄出吧！

身為萬年第1名的我
要告訴各位愚民……

■管理教育、成績至上主義

當生活以競爭為主，更容易以自我為中心去思考，而非同理他人的想法。

■口罩讓人們看不清楚臉部表情

戴著口罩見面的社會，變得很難理解他人的想法。相較於努力解讀少許資訊，有些人會直接放棄同理他人。

嗯～
我搞不懂

感到煩躁的原因與應對方法

◎大家都滿心煩躁

對店員發怒的人、總是嘖嘖作響的同事、對藝人的誹謗中傷等，最近是否覺得感到煩躁的人正在逐漸增加？

新冠肺炎造成的環境變化與景氣低迷等，無法順心如意的事情增加，讓人就連「必須去做的事情」都「做不到」，**認知失調就會引起煩躁感**。

認知失調，意指身處的狀態與自我認知互相產生矛盾，進而導致不悅感。人們為了消除矛盾，不只會變得煩躁，同時會改變對事物的評價與定義。

◎煩躁的原因與應對方法

煩躁的原因，包括血清素不足讓人難以控制情緒、壓力過大導致自律神經失衡、共感能力與想像力變差等。此外，隨時隨地透過手機檢索資訊並解決問題，會不知不覺強迫自己想辦法撐下去，進而承受巨大壓力。

感到煩躁時，就先控制自己的衝動、思考與行動，避免讓煩躁感一發不可收拾。並非強行將煩躁感吞回肚裡，而是要理解自己生氣的「原因」，光是這麼做就能夠冷靜下來。

如何與正感到煩躁的人溝通

等對方冷靜下來再靠近比較好，對話時盡量讓對方說話。建議做一些貼心的小舉動，例如：請對方吃小點心等。

透過附和表現同理心很有效

自己感到煩躁時的改善方法

人潮擁擠很煩躁
失敗了很煩躁

可能會很擁擠
可能會失敗

這樣啊，原來我是因為這些事情而感到煩躁

拓寬預測的範圍

煩躁感通常發生在事情不如預期時，所以請拓寬自己的預測並依此行動。

探索煩躁的理由

有時光是理解自己煩躁的理由就能夠改善，請客觀看待自己。

因為做不到
而煩躁

想辦法做到
盡力去努力

暫時放著不管

感到煩躁時，瞬間做出的行動很容易造成怒氣高漲。就算只等幾分鐘也好，請先靜靜待著，就能喚回理性並冷靜下來。

將怒氣轉換為正向事物

將憤怒宣洩在某種事物上，往往只會造成不快的情緒增加，著眼於改善自己，將獲得大幅成長。

想掌控他人的心理機制

◎兩極化的人際關係

世界上，有人積極想與他人建立緊密關係，但是也越來越多的人極力避免與他人扯上關係。同樣的，人們正往「想掌控他人」與「想依賴他人」兩個極端的方向邁進，「兩極化」正是現代的關鍵字之一。

首先著眼於**擁有控制欲，渴望掌控他人的人**。控制欲容易引發各種問題，如家庭暴力的增加、路怒症的增加。造成控制欲高漲的原因有很多，例如壓力社會、自尊或自我肯定感低下，以及血清素不足等。

◎與控制欲強烈者相處的方式

控制欲強烈的人不願意聽別人說話，基本上很難說服他們。雖說順著他們的意比較輕鬆，但是被對方當成「好說話的人」，控制欲可能會變本加厲。所以請保有自己的意見，避免被對方牽著鼻子走。

打造放鬆的環境，避免對方的控制欲惡化也是一種方法。舉例來說，可以在日常生活中善用色彩，創造可以放輕鬆的環境，例如在環境中置入綠色、褐色、米色等，就可以產生讓人感到放鬆的效果。

面對控制欲的方法

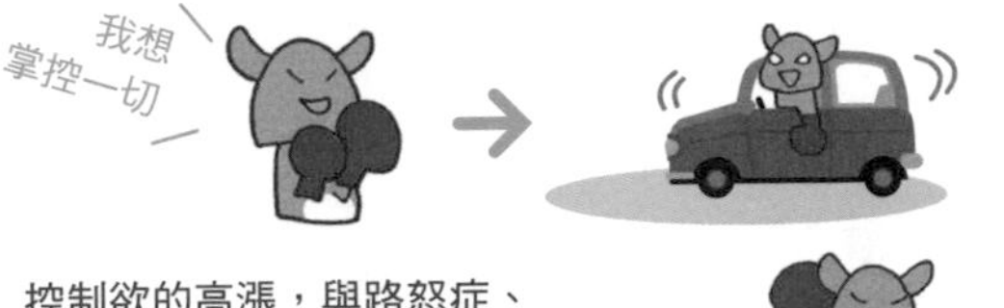

控制欲的高漲，與路怒症、家庭暴力等的增加有關，也與缺乏共感能力有關。

堅定說「No」，避免受到擺佈。

控制欲高的人

- 認為自己是對的，強迫他人接受
- 不順心的時候就會煩躁
- 把脾氣發洩在物品或他人身上
- 擔心周圍的人遠離自己

大多數的情況下，控制欲強烈的人內心都藏有不安。

用色彩幫助對方放鬆，避免控制欲持續增長。像是米色系或是沉穩的綠色，都有助於放鬆心情，女性的話也很推薦粉紅色。

控制欲

希望他人照著自己的想法行動，原因可能是為了獲得優越感，男性的控制欲通常高於女性。控制欲與相關需求的背後，藏著缺乏自信心、容易感到不安等弱點。

KEYWORD

孤獨感
疏離感
聚光燈效應

苦惱著人際關係的現代人❶

◎抱持孤獨感與疏離感的現代人

人類擁有「親和需求」，想和他人待在一起，以及隸屬於團體的「歸屬感需求」。不屬於任何團體時，就會湧上孤獨感，導致強烈的疏離感。

使人產生強烈孤獨感與疏離感的原因，包括自尊偏低，以及對他人情緒太過敏感等。根據科學雜誌刊載的研究，在社會中感到疏離時，腦部活動近似於承受疼痛時的反應。也就是說，孤獨感與疏離感會產生猶如肉體疼痛般的刺激。由此可知，排擠某個人、刻意使某個人感到孤獨的做法，簡直形同暴力。

◎總是認為他人在注視自己

除了孤獨感與疏離感外，也有人會覺得隨時受到他人的注視。

儘管這類型的人對他人的興趣不高，但是搭乘巴士或電車等交通工具時，會覺得其他人都在看著自己。

這種感覺稱為「聚光燈效應」，就像站在舞台上被聚光燈照射。

這也導致這類型的人在失敗時，會覺得所有人都盯著自己瞧。

聚光燈效應

體感 實際

覺得總是受到他人注視的心理稱為「聚光燈效應」，但通常只是錯覺，人們對路上行人其實沒什麼興趣。

產生孤獨感時

專注於興趣與喜歡的事物

請增加專注的時間，例如從事戶外活動型的興趣，有助於提升抗壓能力。

活動身體

運動可促進腦內啡（帶來幸福感的物質）分泌、降低壓力，以及在團體中感受到的孤獨感。

不和其他人比較

使用社交媒體容易感到孤獨感，請稍微遠離手機。

不要過度審視自我

夜晚自我審視會感到格外難過，不妨安排夜間可以從事的興趣。

試著先笑一下

心理學認為人們不是因為開心才笑，而是笑了才開心，抱持著「來笑一下」的心情欣賞搞笑影片等也很有效。

KEYWORD

自我完結型人類

苦惱著人際關係的現代人②

◎沒辦法找別人商量

有些人面臨升學、求職、轉換跑道等重要的事情，不會與他人商量，總是獨自做決定。這些人主要分成2種，分別是不想給別人添麻煩的「客氣型」，以及不想讓他人知道自己煩惱的「厭惡干涉型」。

兩者都屬於**獨自做出任何決定的自我完結型人類**，這類型的人不僅無法找人商量，也有不聽他人說話的傾向。

如果各位因為客氣而總是獨自做決定時，請稍微改變自己的想法，因為人類是無法獨自生存的。相較於過度害怕給人添麻煩，盡情添麻煩後，也學著成為他人的商量對象比較健康。個性獨立當然是很棒的一件事情，但請別過度勉強自己，與他人互助合作吧。

◎抗拒未知事物的人

有些人無法接受新事物，遇到未知事物不會想著「似乎很有趣」、「能夠增廣見聞」，而是從一開始就斷定為「不好的事物」，展現出抗拒的態度。**抗拒未知事物的根源，在於不想失敗的想法過度強烈**。

首先想到的不是展開新事物的優點，而是失敗後的缺點。建議必須將眼光放長遠，透過挑戰新事物，讓自己持續成長非常重要。

自我完結型人類

・求職
・升學
・轉換跑道

不想添麻煩

越來越多人面臨重要事件時，無法找人商量，總是自己做決定。

No

包括不願意對他人造成麻煩的人，以及不想被別人干涉的人。

對未知事物感到抗拒的人

我沒聽過那種事情
我不喜歡

無法將未知事物視為有趣或增廣見聞的新刺激，而是直接斷定為不好的事物。

我很擔心

遇見未知事物時，會產生擔心與恐懼等心情，害怕展開新挑戰時會失敗。

新事物
全部駁回！
啊～
頑固的無尾熊

這類型的人有個性頑固、無法改變既有框架的傾向。

以長遠的眼光來看，若不持續接收新刺激並適度變化，人與社會都會陷入低迷。所以請別畏懼，勇敢面對新事物吧。

KEYWORD

溝通能力
自尊

最近心理傾向的關鍵字

近年來發現心理效果不斷在增加，試著將這些議題擺在一起，就能夠逐漸看清人類的內心深處。

◎溝通能力低下

現代人的人際關係處理能力普遍變差，不僅共感能力與想像力變差，越來越多的人因為缺乏想像力而容易感到煩躁，同時也有很多人只看事物的表面就下判斷。另外，有些人會將他人意見視為攻擊，甚至認為自己的想法才是正確的，進而強迫他人接受。

這些溝通能力低下所釀成的問題，未來恐將持續增加。

反過來說，只要好好磨練這些能力，就會成為自己的一大優勢。

請別因為無法與他人順利溝通而沮喪，也不要責怪這樣的自己，請秉持樂觀的態度。

本書含有許多磨練溝通能力的方法，請學習這些技巧，並且將這種大多數人都不擅長的領域，打造成為自己的強項吧。

◎自尊低下

自尊偏低會對許多心理傾向造成影響。**孤獨感與疏離感的產生，也與自尊偏低有相當大的**

關係。

以自我為中心的人，以及控制欲強烈的人當中，有一部分的人自認為沒有價值，所以試圖用暴力控制，強行使他人重視自己。

自尊低下會強化許多新的心理傾向，請不要放任自己沉浸其中，想辦法提升自尊，並建立良好的人際關係吧。

◎兩極化的社會

控制、依賴、強勢的人，不敢說出真心話、無法表現自我，或是過度表現自我的人，現代社會處於這些極端類型的人越來越多，**而處於中間值的人卻不見增長，整個社會有逐漸兩極化的傾向。**

覺得隨時都被注視著，同時卻又被孤獨感壟罩，內心同時具有相反的感覺，並不罕見。

人類的心理非常複雜，**同一個人可以同時擁有2種完全相反的思考模式**。

互相對立的事物並存時，會激發出強大的能量，這種能量的負面色彩過濃時，就會讓社會充滿摩擦，導致難以生存。

身處這樣的環境，更應學好人際關係的心理學，從自己開始，打造舒適的社會。

Column 1

心理學研究者與歷史

古希臘哲學時代

柏拉圖 西元前427年～西元前347年

假設心理學是一種研究心靈的邏輯方法，歷史可以追溯至古希臘時代。

這個時代的心理學，屬於哲學領域。蘇格拉底的弟子柏拉圖，將內心與肉體分開思考，認為內心會在死後繼續留存。

亞里斯多德 西元前384年～西元前322年

柏拉圖的弟子亞里斯多德，也是古希臘時代的代表性哲學家之一。

他建構自然科學、倫理學、生物學、心理學、政治學等各種學問體系，被稱為萬學之父。曾說過「認識自己即是所有智慧的起源」，提倡人們審視自己的內在。

2章

必須先了解的人際關係基礎心理

如果想要改善人際關係，必須先了解基礎的心理效應。除了介紹心理效應，將帶領各位理解運用方法，以及介紹其在心理學中屬於哪一類型。

KEYWORD

單純曝光效應
重複曝光效應

相處融洽的3大法則❶單純曝光效應

◎多見幾次就會產生好感

各位是否注意到，儘管一開始對節目主持人沒什麼想法，每天持續看到，不知不覺間產生好感，遇到節目停播時，還會覺得有些寂寞。

對事物的好感自然增長，原因可能是「單純曝光效應（重複曝光效應）」。

即使是沒興趣的對象，只要多見面幾次，就會逐漸產生好感或是正面印象。這個效應不僅在戀愛關係中有效，更在一般情況下影響到對他人的評價。可以說若想和他人融洽相處，這是非常好用的代表性心理效應。

◎想和他人建立好交情

但是這個效果的前提是「事前沒有特別感覺」，若是原本就有負面印象的人，單純增加見面次數，厭惡程度只會更加提升。

想和特定對象建立好交情，關鍵就是要盡量與對方頻繁見面。網路互動也好，請努力增加在對方面前露臉的機會，時間很短依然有效。請在不造成對方困擾的情況，增加見面次數，見面的方式越自然越好。想辦法在上學或上班路上和對方見面打招呼，雖然是很老派的方法，卻有強大的心理效果。

單純曝光效應

每天透過電視看到
沒特別感覺的人，

慢慢就會產生好感，這就是
「單純曝光效應」。

但是，多次看見討厭的對象只會更加反感，造成反效果。

單純曝光效應的應用

想和特定對象建立好交情，

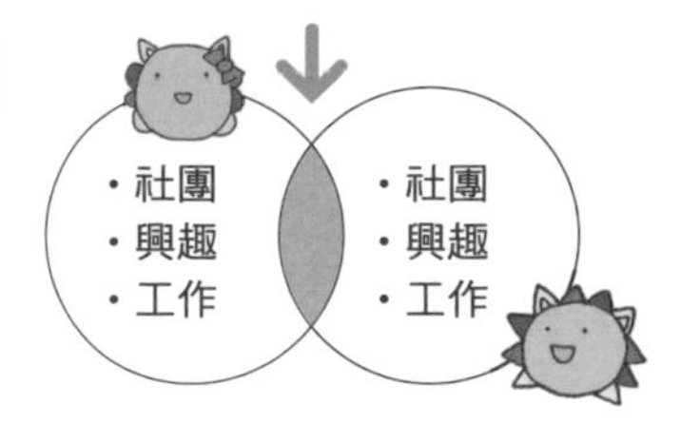

無論是戀愛還是工作，都要盡量自然而然地增加見面的機會。

單純曝光效應

美國心理學家翟恩茨透過實驗發現，人們透過照片看見臉孔的次數越多，對這張臉孔就越容易產生好感。儘管人們對異性的長相各有喜好，實際上卻是接觸次數越多，就越容易產生好感。

相處融洽的3大法則②熟悉定律

人們有「對熟知的人事物感到放心」的傾向，尤其女性當中追求安心感的人很多，因此熟悉定律對於女性的影響大於男性。

◎熟悉對方就會產生好感

人們容易對每天看見的新聞主播會產生好感，若是進一步得知該主播的興趣與家庭成員的話，又會如何呢？

興趣是釣魚、高中時代打過棒球、是3個小孩的父親——很多人得知這些資訊後，就會對主播產生更多好感。

像這樣更加詳細地熟知一個人，就特別容易產生好感，**這種現象稱為「熟悉定律」**。與單純曝光效應相同，是心理學家翟恩茨所提出的翟恩茨效應之一。

◎透露自己的資訊有助於強化交情

舉例來說，長時間透過社交媒體交流的網友寄來手寫信，可能產生更多好感。透過書信文字與表達方式，能傳遞個人的性格與氛圍，使熟悉定律產生作用。此外，網購商品若搭配生產者的照片與資訊，容易讓人產生好感。這適用於人際關係，**當雙方逐漸親近就一點一滴透露自己的資訊，有助於構築更融洽的關係。**

獲知對方資訊會提升好感

聽說玲子老師
看起來很精明
其實常常搞丟錢包

進一步得知對方的相關資訊

提升好感的傾向，稱為「熟悉定律」。

我是
生產者阿武，
是橘子農園的
三男……
下次
再回購吧！
蜜柑
みかん

網購商品刊載生產者資訊與臉部照片，比單純的「業者」更有「人味」，容易增加好感。

手寫信有助於幫助他人更認識自己。

女性較容易追求安心感，因此容易受到這種現象影響。

熟悉定律的法則

美國心理學家翟恩茨發現，人們除了見面次數增加有助於提升好感程度之外，進一步了解對方充滿人性的一面也會產生更多好感。也就是說，「經常見面」與「更加了解」都有助於縮短人心的距離。

相處融洽的3大法則❸共感能力

◎體貼他人的能力

想要與他人建立好交情的第3個方法，以戀愛來說就是「近水樓台」。當某個人近在身邊時，比較容易提升好感。

如果**想建立的是一般人際關係，考量到時代背景的因素，建議培養「共感能力」**，共感能力分成「理解對方感情」與「體貼對方感情」這2種。在理解對方想法之餘，進一步表現出體貼，是想要與他人建立好交情時不可或缺的能力，這麼做會讓對方深刻體會到「這個人會照顧我」的想法。

◎運用共感能力的方法

舉例來說，對方心情不好時，理解對方的心情並給予相應的反應是很重要的。

單純地「理解對方心情」，對方是感受不到的。關鍵在於表現出積極聆聽對方想法以及努力理解對方的態度，不能隨便說出「我懂」。

假設是個剛失去摯愛的人，聽到「我懂」這句話，可能會產生「你怎麼可能會懂」的反彈。不要刻意強調「我懂」，而是用「想必很痛苦吧」這類的說法，體貼對方的心情，並花時間聆聽對方的心聲。

「共感能力」的2種類型

共感能力分成「理解對方」與「體貼對方」這2種。

共感
理解
體貼

體貼對方的方法

突然失去了家人……
我懂妳的心情
你怎麼可能會懂

談及「煎熬」、「痛苦」話題時，若對方情況較為嚴重，不要隨便使用「我懂」。

陪著一起難過
傾聽並點頭
表現訝異

邊聽對方說話、邊表現出體貼對方是很重要的，並非「有聽就好」，聆聽時的態度同樣重要。在這個人際關係逐漸淡化的現代，共感能力就更加重要了。

傾聽

不是單純聽對方說話，也要避免否定對方，表現出積極「聆聽」的態度，帶著關心對方的心情發揮共感能力，同時聆聽對方說話。這種構築信賴關係的交流方式，也很常在工作中派上用場。

會說英文的人看起來比較聰明

◎以特徵評價整體

打扮體面的人工作能力似乎比較強、會說英文的人看起來比較聰明、字寫得很美的人似乎心也很美，人們具有帶著刻板印象與他人接觸的傾向。

事實上，打扮體面與工作能力強未必有關係，但是人們會受到表面可見的特徵影響，未經仔細分析就將其套用在整體評價，**這種現象稱為「光環效應」，又稱「光量效應」**。

◎善用光環效應

光環效應在眾多心理效應中，算是效果特別強的一種，對任何人都很有效，因此沒道理不好好善用。

在工作時穿著沒有皺褶的衣服、髮型打理妥當、將字寫得漂亮，光是做好這些就能夠獲得更多好評。政治人物拜票活動請來名人參加、網路廣告使用「藝人〇〇也有在用」等宣傳語句，都是運用光環效應。

光環效應是近年逐漸增強的心理效應之一，因此相較於細緻調整小小的缺點，盡力強化搶眼的優點比較有益。

光環效應的案例

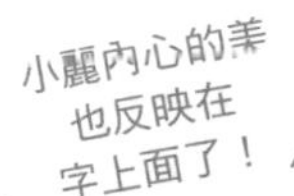
小麗內心的美
也反映在
字上面了！

只是寫字漂亮
而已吧

人們看到字寫得漂亮的人，連帶認為對方內心較美好。但是「字寫得漂亮」與「內在美」未必有關係。

容易產生光環效應的事物

- 懂得外語
- 外表裝扮體面
- 字寫得漂亮
- 舉止　等

字很漂亮
字很漂亮
字很漂亮

我不會
被騙的

光環效應是指整體評價受到局部特徵影響的現象。

相較於執著改善細微缺點，進一步琢磨自己的優點會更好。

咦ー藝人也愛用嗎

不要過度被「藝人也愛用」這類帶來信賴感的光環（光暈）影響。

光環效應

美國心理學家桑代克，針對軍隊的指揮官進行評價方面的實驗。結果發現，部分能力表現優秀的士兵，整體獲得好評的傾向較高。由此可知，格外搶眼的特徵會影響整個人的評價。

KEYWORD

錯誤共識效應
一廂情願

誤以為其他人和自己持相同意見

◎誤解會導致人際關係變差

世界上有著「自己的意見與行動受到大眾支持」這種認知上的扭曲。

以飲酒會交流方式為例，至今仍有很多日本主管認為，透過飲酒會加深彼此感情很重要。但是根據某家壽險公司的調查，認為這種飲酒會交流方式毫無必要的人已經超過6成。

誤以為自己的意見與大多數的人相同，這種心理效應稱為「錯誤共識效應」。

◎擺脫誤解的必要性

錯誤共識效應是將事物以一廂情願的形式發展，儘管知道事情不是這樣，卻試圖透過思想上的偏誤，將事情往對自己有利的方向推動。

做出權勢騷擾後，卻告訴自己「這點小事很正常」；或是希望他人採納自己的意見時，儘管沒有人贊成，卻說「大家都這樣說」。

不懂得擺脫誤解，養成運用客觀資訊的習慣，就會成為凡事只顧自己方便的人。為了讓別人接受自己的意見，騙自己「其他人也一樣」的做法，實在是太過拙劣幼稚。

發現自己有這種情況時，請試著去理解其他人的想法。

其他人也一樣？「錯誤共識效應」

人們容易認為自己的想法與感覺，就是大家的共識，或是受到眾人的歡迎，這種現象稱為「錯誤共識效應」。

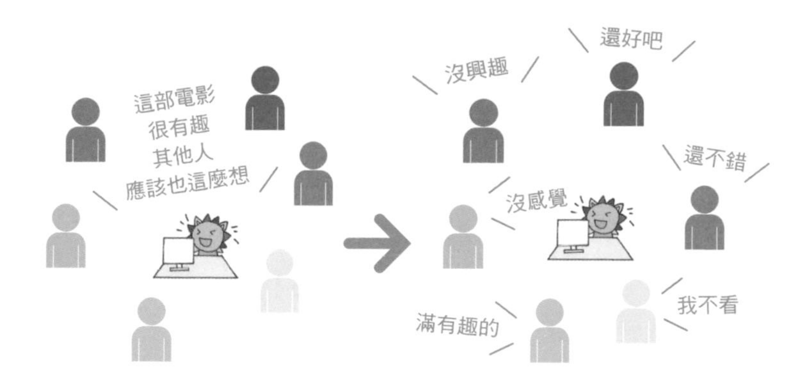

自己覺得有趣時，就認為他人應該也會給予相同評價，但實際上並未如此，因為人們的想法五花八門。錯誤共識效應容易使人以自我為中心，所以請記得「其他人想得或許與自己不一樣」。

錯誤共識效應

由美國心理學家羅斯所提出，又稱為「虛假同感偏差」，認為自己的想法與信念在社會上普及，過度肯定自己的想法。

KEYWORD

路西法效應
同儕壓力

個性溫柔的人加入團體後卻變得冷漠

◎人們加入團體後會變冷酷

不願意幫助同事、在同學面前擺出冷淡態度，當人們身處公司或學校等龐大的團體時，有容易採取冷酷行為的傾向。即使本身個性相當溫柔，在身處**擁有權力的團體中，容易採取傷害他人的思維與行為，這種現象稱為「路西法效應」**，名稱源自於墮天使路西法。

身處團體時不僅不會對弱者手下留情，反而會變得更冷酷、更殘酷。這種現象會在霸凌結構中運作，再加上同儕壓力的影響，會使人難以冷靜判斷。

◎從墮天使還原成天使的方法

路西法效應會對人們產生強烈影響，實在難以抵抗。因此最重要的是藉由「得知自己變冷酷的機制」後，「正視自己的真心」，避免同流合汙。如果團體中出現「懲罰某個人吧」的氛圍時，不要想著「好啊好啊」，而是要意識到「自己正被團體的心理影響」，並鼓起勇氣拒絕。每個人都懂得正視自己的真心時，整個團體理應也會變成良善的群體。畢竟人們之所以形成團體或社會，並不是為了要互相攻擊，而是為了互相幫助。

只要了解路西法效應……

替人著想、個性體貼的人，　加入團體中就會變得冷酷。

如果整個團體朝著攻擊的走向，要提醒自己不要受到路西法效應影響，避免事態朝著傷害他人的方向發展，適度透過行動壓抑自己的情緒是很重要的。

人們為什麼會身處團體呢？不是為了把他人踩在腳下，將個人利益拉抬至最大限度，而是要互助合作，同時提升自己與他人的利益，同時將包括自己在內的利益最大化。

路西法效應

史丹佛大學的心理學家津巴多打造了模擬監獄，將參加者分成囚犯與守衛，做出身分與行為方面的研究。結果顯示，守衛變得具有攻擊性，而囚犯則越來越服從，整個場面越來越失控。

KEYWORD

旁觀者效應
林格曼效應

無法向狀況看起來不佳的人搭話

◎周圍有其他人在時就容易懈怠

早上通勤人潮中，有看起來很不舒服的女性縮著身體，但是人們卻視而不見地走過去——很遺憾，這樣的場景並不罕見。

對於自己沒有利益的事情就不做，這種傾向正在增強。此外，也有即使注意到了卻難以搭話的心理狀態。當周遭有其他人在時更是嚴重，**會認為就算自己不出手幫忙，肯定也會有其他人做，這種現象稱為「旁觀者效應」**。

另外有種類似的效應，也是人一多自己就容易鬆懈的**「林格曼效應（社會懈怠）」**。

◎不要變成旁觀者，勇敢踏出第一步

在其他國家也可看見旁觀者效應，紐約有位女性遇到男性施暴死亡，過程中有38個人聽見尖叫聲與騷動，卻沒有人報警也沒有人協助。

「誰來幫幫忙」這種求救聲，會讓人覺得只要是「某個誰」就好，不一定要是「自己」。因此真的需要幫忙時，鎖定某個人並表示「請你幫幫我」，獲得幫助的可能性較高。

請從自己開始展開行動，慢慢將互相幫助的精神傳遞出去，只要能夠勇敢踏出第一步，擁有相同思考的人理應會跟上。

社會性懈怠——旁觀者效應

妳、妳
沒事吧？
某個人倒在地上

即使周遭沒人時會出手協助的人，面對周遭有很多人時可能無法做出行動，這種現象稱為旁觀者效應。因此在車站等有許多人的場所，反而形成沒有人出手相救的傾向。

得知心理效應的機制後……

無法出手幫助是因為
心理效應……
你怎麼了？

得知心理效應的機制，就可以理解自己為什麼沒辦法有所行動。

如此一來，就能夠勇敢踏出助人的第一步，請試著當做出行動的第一人吧。

旁觀者效應

美國心理學家拉塔內與達利，調查人們在獨立空間中開會時，若有人身體不舒服，其他人會怎麼表現。結果發現，與會者只有2人時，所有人都會採取行動；但是多達6人時，卻有4成的人沒有行動。

KEYWORD

迴力鏢效應
米爾格倫效應
從眾效應
哀兵效應

其他基礎心理彙整❶

◎受到叮嚀時會感到反彈

父母或教師強烈要求「去讀書」、「仔細去做」時，人們會產生反彈的情緒。在職場上，若主管叮嚀「別多管閒事」時，就會忍不住多管閒事。

這種現象稱為「迴力鏢效應」，人們自由選擇自己的想法與行為，若受到地位高於自己的人強迫或禁止，會感到反彈，更加追求自由。

強烈的感受會如迴力鏢一樣，回到發言的對方身上。反彈程度深受性格、對權力的抗拒，以及與對方的信賴關係所影響。

◎忍不住遵從大人物的心理

另外，有種與迴力鏢效果相反的心理，就是遇到有權有勢的人，會試圖遵從的現象。

美國心理學家米爾格倫，將實驗參加者分成教師扮演者與學生扮演者，並分別帶至不同的房間，只要學生扮演者犯錯，教師扮演者就會給予電擊懲罰。隨著電擊強度增加，學生扮演者越來越痛苦（事實上是假裝痛苦），開始有人提出想要退出實驗的要求。然而只要主辦者命令其持續，有65%的人都會繼續參加實驗。

這個現象稱為「米爾格倫效應」，人們處在特別的封閉空間，會選擇服從掌權者，並且變得殘酷。

◎投票給有機會當選者的心理

選舉期間，聽到某個候選人較容易當選，就會產生也想投票給對方的心情。因為人們認為多數派的意見比較正確，加上損失規避（頁42）的心理作祟，讓人不希望自己的票白白浪費，自然會投給有機會當選的候選人，期望藉此獲得滿足感。**這種「要騎就騎會贏的馬」的心理，稱為「從眾效應」**。

電影上映的第1天，搭配「熱映中」的宣傳語句，正是主流的促銷策略，同時運用了從眾效應與同儕效應。

◎想為看起來會輸的人加油

相反，看到會輸的人就想為對方加油打氣。高中棒球賽或接力賽，看到快輸的學校隊伍，會興起想為對方搖旗吶喊的想法。**這就是「哀兵效應」**，日文中「判官贔 （主觀上憐憫弱者的心態）」，正是說明哀兵效應的影響。

這2種效果當中，若是與自身利益有關，就容易受到從眾效應的影響；但是若與自身利益無關，則容易受到哀兵效應影響。

KEYWORD

過度辯證效應
增強效應
個人空間

其他基礎心理彙整 2

◎主動向善而得到報酬

在外將座位讓給需要的人，若得到金錢作為酬謝，會是什麼樣的心情？

人們在「想幫上忙」、「想努力」等自己的內在動機，所驅使下而產生行動後，給予報酬或壓力等外在動機，原有的動力就會下降，**這種現象稱為「過度辯證效應」**。儘管自己是主動想做的，卻因為報酬，將一切努力變成「受外力驅使」，讓人的內心會產生煩躁感。

舉例來說，看到孩子在努力時，會想為孩子打氣或是給點零用錢，但是有時會造成反效果，所以請不要提供過度的報酬與建議。

◎報酬化為動力的情況

相反，也有可透過外在報酬提升動力的情況，例如上班族就會為了加薪或升遷而努力。**這種現象稱為「增強效應」**，這裡的報酬並非單指金錢，誇獎等言語也具有相同的功能。

男性做出成果時，請在人前給予讚賞；女性做出成果時，針對過程與努力加以稱讚，會比著眼於結果更有效。

◎電車最旁邊的座位會馬上被坐走

電車最旁邊的座位一空下來就很想去坐，或是人們總是從最邊端開始乘坐，這是因為坐在最邊端，會影響到的只有單邊乘客而已。

人們都擁有類似地盤的「個人空間」，通常不希望他人進入這個空間。

以乘坐電車來說，若是左右都有人睡著或是靠近自己，就會很不舒服，同時也不希望萬一自己睡著時，給別人添麻煩。

現代人擁有抗拒受到他人影響，也抗拒對他人造成影響的傾向。

◎在電梯裡一直看著樓層燈號的原因

個人空間的範圍會隨著對象產生相當大的變化，遇到反感的對象自然會想保持距離。在致力於避免遭受傳染病的時代，個人距離也會隨著傳染病蔓延程度不斷調整。當然，實際情況會因人而異。

在擁擠的電梯裡，會不由自主看著樓層燈號。原因在於當有人進入個人空間時會感到窒息，只要看著樓層燈號就能夠具體明白自己還需要忍耐多久。人們的無意識行為背後，其實都有其含意。

KEYWORD

社會心理學 發展心理學
教育心理學 臨床心理學
認知心理學

遍及各大領域的心理學 ❶

心理學的分類，會依心理學家或指導者的想法而異，本書挑選最易懂的方式，說明最具代表性的領域，介紹研究者最多，最為普及的心理學。

社會心理學

以科學方法查明社會中的個體如何思考與行動，以及人際關係方面的心理。

是心理學中頗具代表性的領域之一，有許多的研究者針對這個領域展開各式各樣的研究。

探究有助於與他人加深情誼的心理效應、關係修復方法等方面的知識。

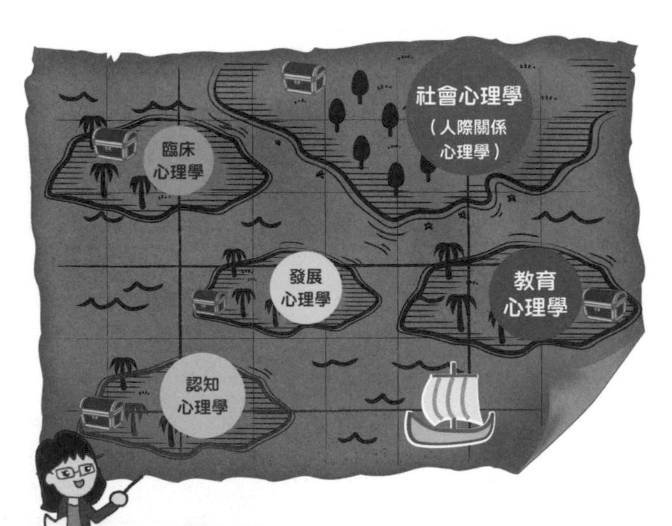

心理學就像一張地圖，當頭腦迷路時可以參考。往北（上）趨近社會心理學，往南（下）趨近個人心理學。

臨床心理學

針對精神疾病，或是內心因重度壓力而出問題的人，研究幫助他們恢復健康的專業知識與治療法等。

臨床心理學是從心理學面向診斷心理疾病，而精神醫學則是從醫學角度診斷心理疾病。

認知心理學

專門研究人類的知覺、記憶、理解、思考等認知機能，將認知機能視為資訊處理系統與機械等，一步步解開複雜的結構。

錯視等也屬於認知心理學的領域，因此將火星上的建築物看成臉的原因，可透過認知心理學來解釋。

發展心理學

專門研究人類從嬰兒、兒童、青少年，至長大成人之間，內心會如何發展，進一步可細分為嬰幼兒心理學、兒童心理學與青少年心理學等，許多知識可運在育兒、教養當中。

教育心理學

專門研究嬰幼兒至青少年時期的發展、學習、適應與評價等心理，與發展心理學的關係相當密切。

對於想知道如何改善師生關係、人際關係的人而言，研究相關有用知識、技術與思維，其中有許多可以活用在學校教育。

KEYWORD

性格心理學　經濟心理學
犯罪心理學　色彩心理學
進化心理學　超心理學
運動心理學

遍及各大領域的心理學②

接下來要介紹更多領域的心理學，都是以嚴謹的科學解析心理的領域。

性格心理學

研究人類性格的心理學，包括性格成形的過程，與發展過程中的相關心理。

研究性格是否會改變、會在什麼樣的契機下改變、環境對性格造成的影響等。

經濟心理學

研究經濟活動時的人類心理，包括做出不合理的判斷、決策與現象。與「行為經濟學」有許多重疊的部分，可以說是奠基於行為經濟學。

探討音樂對經濟活動的影響、讓人覺得便宜的標示法等。

犯罪心理學

提供有助於犯罪調查的知識與數據，有助於加快犯罪調查的速度、預防犯罪發生，還能夠幫助犯罪者重新出發。

色彩心理學

與色彩相關的心理效應研究，包括色彩對人類造成的影響、人類追求特定色彩的心理等。探討色彩方面的神奇性質，像是喜歡特定色彩者的性格傾向、看到紅色時會認為其位置比實際位置還要靠前等。

進化心理學

人心在進化過程中不斷改變，因此從進化的角度解析心理。例如：知性是如何發展出來的？人們為何恐懼某物？

超心理學

研究靈異與超能力等現代物理學無法說明的領域，有時會被視為心理學界的異端，但仍試圖以科學解開未知領域之謎，可說是相當前衛的心理學。

運動心理學

從心理學的角度解開運動方面的課題，可活用在運動時，或是給予運動指導時。舉例來說，放鬆或精神鍛鍊，會對運動表現與心理造成什麼樣的影響。

其他還有產業心理學、交通心理學、經營管理心理學、神經心理學、異常心理學等，各式各樣五花八門的心理學，有助於人們正視內心的問題。

Column 2

心理學研究者與歷史

近代心理學的序幕

威廉・馮特 1832年～1920年

在馮特之前的心理學走的是哲學路線，他開創實證心理學的構想。一八七九年，在德國萊比錫大學開設實驗心理學研究室，集結歐洲、美國與日本等各地國家的心理學者。

心理學領域普遍認為，心理學就是在此時期作為新型學問而誕生。馮特使用內觀法對實驗參加者施以刺激，接著調查參加者的想法。

內觀法在客觀性這一點與哲學型研究截然不同，招致各種批判，例如偏向參加者的主觀感覺等。但是心理學仍是從這個時期開始，一路發展至20世紀的心理學3大潮流（行為主義心理學、完形心理學、精神分析學）。

3章

網路、社交媒體的溝通心理學

現代的溝通方式變得更加多元，從面對面的實際交流，到透過電子郵件、網路等。當然，從主流是實體溝通的時代開始，人心亦隨之持續產生改變。本章將介紹以網路或社交媒體溝通為主流的現代，產生了哪些心理效應及心態。

KEYWORD

馬斯洛的需求層次理論

隨著網路化出現了新的心理

隨著網路化誕生的新型心理

人心不斷變化，隨著身邊所處環境，以及整個社會大環境影響，想法與需求都會不同。

近年網路化與社交媒體普及化，溝通方式出現大幅翻轉。人們心中有著無論世界如何發展都屹立不搖的「普遍心理」，也有隨著環境等影響而誕生的「新型態心理」。

更加複雜的需求

具體產生什麼樣的變化，以「尊重需求」為例。**馬斯洛提倡的需求層次理論中，金字塔越上方的需求等級越高，越接近底層就越容易受到強烈本能驅使。**金字塔將「尊重需求」，擺在追求安全與安定的「安全需求」，以及尋求夥伴與所屬團體的「社會需求」上方。

在社交媒體普及化的年代，任誰都可輕易窺見他人的生活，尊重需求勝於社會需求並不罕見，甚至有人不惜冒險也要尋求他人的認同。

將需求分成5階段，至今仍運用在各式各樣的場景，但是人們需求隨著環境變化更加多樣化的時代，或許5階段已經不敷使用。

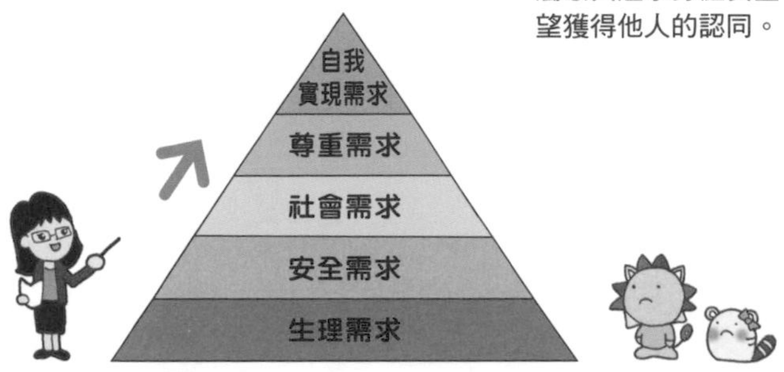

低階需求獲得滿足後，就會開始追求高階需求。但是現代的人相較於在社會找到歸屬感與追求身體安全，更渴望獲得他人的認同。

將尊重需求進一步細分，有渴望被稱讚的「讚賞型」，與不想被否定的「批判迴避型」。

隨著溝通工具與環境的變化，日本人當中曾經相對稀少的讚賞型尊重需求，有逐漸增加的趨勢。同時也出現什麼都沒做就期望被讚賞，這種以前很少見的尊重需求。或許這些需求曾經同樣存在，只是透過社交媒體或網路化而浮上檯面而已。
※看法依研究者而異，目前仍眾說紛紜。

馬斯洛的需求層次理論

美國心理學家馬斯洛，將人類基本需求分成5個階段。他假設「人類會朝著自我實現不斷成長」，將人類需求化為系統性理論。這個理論在心理學以外的各大領域，也產生莫大的影響。

KEYWORD
霍桑效應
從眾行為

使用學習專用帳號可以更努力學習的心理

◎學習專用帳號為何流行？

所謂學習專用帳號，是指在社交媒體上說明自己的學習狀況，並透過影片等公開自己目前的學習狀況。

註冊這類帳號的心理，在於知道有人在看的話，學習效率與幹勁均會提升，**這種現象稱為「霍桑效應」**。

以前在圖書館或自習室學習也是類似的情況，不過近年來已經逐漸轉移到網路上。目前已知人們會因為在意他人的目光，而得以持續下去。

◎消弭孤獨感的一體感與從眾行為

有些人在學習時會看網路上的學習專用帳號（單純是別人在學習的影片），藉此產生一起努力的心情，**這就是追求「從眾行為」與一體感的心理**。

學習時很容易一個人埋頭苦幹，即使家裡有其他人在，仍然容易產生孤獨感。因此透過學習專用帳號，得知有人和自己一樣，正努力跨越考試難關，就會感到安心。除了安心感之外，還具有「刺激」的作用，人們會將其視為提高幹勁的環境因素。

學習專用帳號的用法與心理
單純播放學習影片的
帳號很受歡迎，使用
方法則因人而異。
我也一起
學習吧！
在意他人的
目光
看影片的觀眾
透過從眾行為帶來安心感，獲得
「自己也必須努力」的刺激。
拍攝影畫的帳號持有者
在意他人的目光，因此
學習效率會提升。
按照
自己的步調
不必約朋友
去圖書館也行
不想被他人牽著鼻子走
不想造成他人的困擾

很難約朋友去圖書館讀書，若使用影片就可以按照自己的步調學習，還不必讓他人配合自己。學生們雖然辛苦，卻仍努力往前邁進著，實在是太了不起了！

霍桑效應

美國某家工廠調查照明與勞工的生產力，結果發現，無論燈光如何，生產力都比平常更好。提升生產力的原因，是「有人正在看」與「正參加實驗」的心理。

留言為何亂七八糟

◎不露臉社會衍生出的感情

每次有政治人物失言，或是演藝有圈負面新聞時，新聞網站的留言區就會出現亂七八糟的留言。原因在於，現代人共感能力與想像力低下，平日也對成功人士或掌權者感到不滿。

最重要的是，網路潛藏助長憤怒的心理，就是「去個人化」。淹沒在群體中，個人意識就會逐漸淡薄，進而容易做出平常不敢做的事情。平常個性溫和的人，一去看運動比賽就變得狂熱，也是相同的道理。

而匿名性質高的場所，以及處於亢奮狀態，就會促進去個人化的發展。因為不會被鎖定，所以自然會宣洩出平日壓抑的不滿。

◎如何擺脫去個人化的問題

「寫這種留言不會被發現吧」、「胡搞瞎搞也不顯眼」這種心理沉睡在人們的內心深處。但是因為匿名性質較強就隨便抨擊他人，對自己來說不是一件好事。短期內或許能夠宣洩壓力，但是憤怒會引來更多的憤怒，甚至會開始尋找新的憤怒因素。

為了自己著想，避免去看那些包括攻擊言論在內的亂七八糟留言區。

網路世界會助長憤怒心理

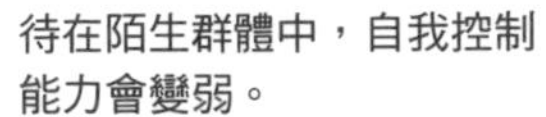

待在陌生群體中，自我控制能力會變弱。

身處匿名性質強烈的網路世界，人們會試圖宣洩日常的不滿。

不悅情緒隨之高漲

因為匿名就隨便抨擊他人，只會提升負面感情。

不要主動去搜尋攻擊言論。

不去看討厭對方的社交媒體。

主動拒絕會造成煩躁的行為。
積極探索讓自己快樂的事情。

去個人化

史丹佛大學心理學家津巴多，讓實驗參加者穿著袋狀實驗衣，調查當人們認不出誰是誰，彼此間會出現什麼樣的變化。結果發現，在去個人化的狀況（無法鎖定個人）下，人們對他人會較為冷酷。

令和社交成癮❶

◎溝通方式的變化

因傳染病蔓延產生的自律傾向、保持社交距離等，對人與人之間的交流產生莫大影響。

若人類不去與他人相見，交流能力就會變差。面對面能夠徹底運用五感，觀察對方的細微變化，所以網路才很難培養出溝通能力。

在如此環境下，就會出現溝通能力逐漸變差的人，以及渴望與他人交流的人。

◎網路遊戲成癮症

年輕上班族當中，有著下班後就馬上回家，熱衷於打電動的人。從調查中可以得知，他們並非覺得遊戲很有趣，而是覺得「遊戲隊伍會因為自己不在而傷腦筋」。

有些遊戲不全員到齊就無法進行，他們追求「少了自己不行」的想法。人們在公司容易淪為機械性的心態，感受不到自己的重要性。

但是遊戲世界卻能夠帶來「少了自己不行」這種強烈的刺激，因此很多人會透過遊戲，感受自己的存在。

自律與保持社交距離造成的變化

交流越來越淡薄，不擅長交際的人就會更加逃避人群，

同時也會出現渴望與他人交流的人。有些人則同時混雜 2 種心情。

遊戲成癮者的心理

網路遊戲成癮症者當中，

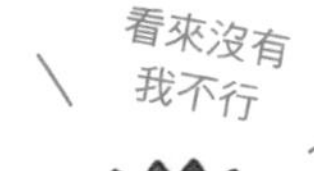

有覺得自己很受重視的人、

我不在的話
會造成困擾的

也有覺得自己不參加會給大家添麻煩的人。

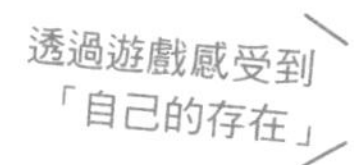

成癮症

人們會上癮的不只有酒精或藥物，還有行為（遊戲、賭博），在成癮的過程中，會逐漸對成癮物或成癮行為以外的事物漠不關心，每當試圖脫離這些因素，就會感到煩躁或不安。

令和社交成癮❷

◎社交媒體成癮症

為了防止傳染病蔓延而限制行動時，手機的使用率就會大幅提高，尤其是Twitter與LINE的使用頻率更是逐漸上升。

根據行動裝置市調公司MMD研究所於二〇二〇年的調查，約7成的人自認為已經過度依賴智慧型手機。

背景原因除了蒐集資訊外，也包括與他人交流的渴望。

其中最為顯著的就是對社交媒體的依賴，有些人1天會花好幾個小時使用社交媒體，這已經成為全球性的問題。

社交媒體成癮症的根源在於**人們有聽到他人意見才能放心的傾向**，試圖從眾多意見中，找到與自己相同的看法，如此一來才能舒心。

此外，自己上傳的貼文，若獲得一定數量的「讚」，就有容易覺得「他人需要自己」並感到安心。

◎飲酒會成癮症

除了網路世界，現實世界也跟著產生變化。隨著日本政府對新冠肺炎發布緊急事態宣言，許多餐飲店都停止供應酒類。在如此環境下仍持續供應酒品的店家，吸引許多人在此舉辦飲酒會。看在自律者的眼裡，或許會無法理解他們為何甘願冒險去喝酒。

可以推測，聚集在這類餐飲店的人當中，有很多人都抱持著即使暴露在高風險與批評聲浪中，也必須去參加飲酒會的強烈情緒，可透過飲酒會**「和他人對話」、「和他人有所接觸」，這正是過度依賴飲酒會人際關係的傾向**。

◎令和社交成癮症

網路方面的成癮症、環境限制下仍堅持透過飲酒會等與他人交流的成癮症，本書稱其為「令和社交成癮症」。

「渴望被需要」、「想找人說話」，當這類需求演變為成癮症時，就會過度追求虛擬或是現實的社交。

其中，社交媒體成癮症已經受到全世界的重視，研究發現，儘管外向的人會透過社交媒體擴大自己的社交範圍，內向的人卻會藉此彌補自己的社會性，結果投入在社交媒體的時間越多，在現實中與他人接觸的頻率就越少。

令和社交成癮症
（最具代表性）

- 網路遊戲成癮症
- 社交媒體成癮症
- 飲酒會成癮症

KEYWORD

情緒一致性效應

檢視自己的社交媒體疲勞

對社交媒體感到疲倦

社交媒體是非常迷人又有趣的平台，但是卻會隨著使用方法而產生弊害，可能造成成癮問題，甚至因此感到疲倦。

本書準備簡易的社交媒體疲勞檢視表，勾選項目為3個以下就沒什麼問題，4～6個是灰色地帶，7個以上就要特別注意了。

對社交媒體感到疲勞的原因

最初因為與他人往來而感到開心，也會大聊共通話題等，但是有時卻逐漸覺得難熬。

這是因為從開心「想做」轉變成「必須做」所致，也就是**動機的變化**。「必須更新」、「必須留言」等想法產生時，使得社交媒體的經營成為義務。

此外，心情低落時也會格外容易關注負面訊息的社交媒體貼文，因為人們容易注意到符合自己情緒的事物，**這種現象稱為「情緒一致性效應」**。

持續使用社交媒體導致嫉妒心高漲，不知不覺間凡事都與他人比較，內心自然會隨著嫉妒感增加而感到疲倦。

社交媒體疲勞檢視表

以Twitter為例，向各位提出幾個問題。
下列項目中有幾項符合？

- □ 每次都很在意按讚的數量
- □ 覺得有留言時就必須馬上回覆
- □ 每天都會有必須說點什麼的感覺
- □ 看到認識的人，上傳照片後獲得許多讚，會感到不是滋味
- □ 追蹤人數減少會感到焦慮
- □ 睡前、起床後、躺在被窩裡都會滑手機
- □ 擁有3個以上的帳號
- □ 會寫必須分多次上傳的長文Twitter
- □ 有時會產生刪除帳號的衝動
- □ 都沒人給予回饋時會覺得寂寞
- □ 有時會收到誹謗中傷型的留言
- □ 儘管覺得厭煩，回過神時仍打開頁面了
- □ 看到批判他人的Twitter就覺得難受
- □ 經常刪除自己的貼文

勾選項目為3個以下時就沒什麼問題，4～6個是灰色地帶，7個以上就要特別注意了。

別讓經營社交媒體變成義務。沮喪時忍不住關注負面的文章，只會讓自己更加難過。請等心情好的時候再使用社交媒體。

情緒一致性效應

心情好的時候，會留意事物美好之處，也會注意到正面的消息；但是滿心都是負面想法的時候，就會特別關注事物負面之處，或是不好的消息，只會變得更加難過。這是因為，人們容易注意到符合當下情緒的事物。

擺脫社交媒體疲勞的方法

該怎麼面對社交媒體比較好呢？請思考自己是否能在不感到疲倦的情況下繼續經營。

❶為了自己而使用的工具

大多數的人使用社交媒體的目的都是為了自己，不知不覺間變成為了他人而經營時，就會造成疲勞的累積。

必須避免過度在意他人想法，並貫徹自己想做的事情。撰寫文字前當然要考慮他人看到的心情，但仍必須再三確認，這一切都是為了自己。只要確認自己使用社交媒體的目的，就能夠不再害怕被他人討厭，並持續經營下去。

❷區分帳號的用途

如果擔心自己的帳號，被工作同事或是熟悉自己的人追蹤時，就會無法暢所欲言。因此覺得窘迫的人，建議可以再另外申請帳號。

例如：其中一個當作日常社交使用，另外一個則專為自己的興趣發言等。事實上，很多人都因為另外註冊新帳號而感到輕鬆許多，不必在意熟人的想法，創造能夠自由發文的環境非常重要。

❸不與他人比較

凡事與他人比較，對他人的發文感到不是滋味，最重要的是要養成不再比較的習慣。

人們產生嫉妒心是有前提條件的，通常是自認為不幸運的人，看到與自己立場相當的對象，嫉妒心特別容易產生，例如：同樣職種、同樣年齡層，或擁有同樣興趣的人。

嫉妒心是每個人都擁有的基本感情，不能一律視為負面情緒。負面的原因在於，將嫉妒心用在他人身上，而非督促自己。

感到嫉妒時請不要宣洩在他人身上，要藉此告誡自己，幫助自己成長。

此外，平時若能過著對擁有事物感到滿足的日子，自然就不容易引發嫉妒心。

知足常樂，不僅是對抗社交媒體疲勞的方法，對生存方式也會造成莫大的影響。

④訂下不使用社交媒體的時間

若很難轉念，不妨為訂下社交媒體的使用規範，像是早晨與下午絕對不看社交媒體等。

有效的方法之一是在社交媒體上宣布「幾點到幾點之間不使用社交媒體」，因為一旦公諸於眾，就會更想遵守。

總而言之，使用社交媒體的關鍵，在於要用得開心，在惰性驅使下仍持續使用，可能會造成意想不到的壓力，所以請務必留意。

社交媒體理應帶來愉快心情，請記得我們是「使用社交媒體」的人，而不是「被社交媒體使用」的人。

KEYWORD

表現欲

影射型發文背後的危險心理

◎可能會導向危險的影射型發文

「對那傢伙感到火大」這種看不出在講誰，總而言之是在說某人壞話的影射型發文，時不時會出現。

看到認識的人發出這樣的文章時，很容易懷疑是不是在講自己，影射型發文會對指責對象以外的人們，也造成不安或不悅的情緒。

對於上傳文章的人來說，即使沒有指名道姓，只要說了對方的壞話就會感到非常快樂的狀態，這種快樂容易上癮，導致越來越喜歡影射，可說是非常危險的心理機制。

◎上傳影射型發文的心理

儘管影射型發文會造成周遭人不舒服，仍想要說出自己想說的話，可說是以自我為中心。**我沒有錯，希望誰來贊同。這類型的人強烈表現出這樣的心理，因此同時也屬於表現欲較強的人。**

採用影射型發文的人，不懂得改善關係的溝通方法，所以會對著不特定的場域，說著針對特定人士的批判話語。

為了自己著想，最好別再上傳這種可能會摧毀自己與周遭人的影射型發文。

影射型發文造成的情緒

優柔寡斷？
是在說我嗎

影射型發文指的是不知道在講誰的文章，近來很常用來批評他人。

影射型發文容易讓人對號入座。

又不是
在說你

就是
在說我吧！

不鎖定對象，也不直接告訴當事人，能夠在避免糾紛的同時宣洩壓力。

即使當事人發現是在說自己也會選擇逃避，可以說是導致他人不開心的發洩方式。

有什麼想法時直接告訴對方比較好，問題在於「表達方式」。必須學習正確的表達方式，實用方法將在第5章詳細介紹。

影射型發文

社交媒體上，傳給特定對象的訊息，通常會使用「回應」或「私訊」等方式。但是「影射型發文」卻假借自言自語，實則對某個不知道是誰的人傳遞訊息。以前會用這種方法向心儀的人告白，最近則經常用來說他人壞話。

活用比「封鎖」更溫和的「噤聲」

◎保持距離卻不具攻擊性

社交媒體能夠讓人們只花一點時間就互相交流，相當方便。但是反過來說，因為微不足道的小事就鬧翻的情況也屢見不鮮。關係變差之後，連對方的動態都不想看。

雖然也沒有到要設封鎖，與對方完全斷交的程度，但是光看就覺得難受，這時請善用噤聲功能。

社交媒體的噤聲功能，對現代社會來說非常實用，不妨善用以保護自己的內心。

有些人認為設為封鎖就等於宣告關係結束，將其視為不能隨便使用的功能。但是也有個性比較俐落的人，有興趣時就追蹤，沒興趣時就設為封鎖。

不過這裡要談的是大多數的情況，而事實也確實有人過度恐懼封鎖。有一定程度的人一旦被設為封鎖，就會認為自己的整體人格都遭到否定與拒絕。

儘管自己只是以很輕鬆的心情與對方告別，對方卻認為被自己全盤否定，這是相當不幸的現象。

所以善用噤聲功能，就可以在不刺激對方的情況下自保。

在不刺激對方的情況下保護自己的內心

想遠離對方時就設為封鎖，

有些人會認為自己遭到全盤否定而憤怒。

再也不顯示對方動態的噤聲功能，或許是最適合用來遠離對方的方法。

不用解除追蹤或是將對方設為封鎖，只要設為噤聲就不必再看到對方的動態，可以說是種不會傷害對方的交流方法之一。

噤聲

社交媒體（Twitter或Instagram）的噤聲功能，是讓特定帳號的動態，不會再顯示在自己動態牆。除了可以避開特定帳號的消息，還可以設定關鍵字，避免看到造成自己不開心的文字。

KEYWORD

互惠原則

社交媒體中的期待心理

◎我們總是期待著他人

無論是商務郵件還是社交媒體，只要遲遲未收到回覆，內心就會焦躁不已。「我都很快就回覆，為什麼對方還不回覆？」「我都會幫對方按讚，對方為什麼都不回按？」於是就會對這樣的對象產生煩躁的心情。

◎因人而異的互惠原則

大家都有自己的生活，也有自己的步調。只因為某個人回了其他人讚，卻沒有按自己的，就立刻覺得自己遭疏遠，這不是件好事，或許對方只是按讚剛好看到的貼文而已。

人們擁有「互惠原則」這種受到恩惠後，就會想要回報同等事物的心理，但是程度會因人而異。

因為自己是會立刻回覆訊息的人，就希望他人也比照辦理，會使人際關係陷入窘境。自己是自己，別人是別人，必須學著控制自己的煩躁情緒。

謹慎寫好訊息後送出，然後就忘得一乾二淨吧。不要期待回覆，真的收到時就會覺得新鮮又開心。這樣的人際關係，才是恰到好處的。

必須回報的心理

人們的內心具有「互惠原則」的心理，受到某種恩惠時，就會想要回以同等的事物。

過度期待他人的回覆會很辛苦。

有些人沒有收到回覆就會覺得難受煩躁。

不要過度期待對方的回覆，只要謹慎寫好自己的訊息，在送出後忘記，不要執著後續。

互惠原則

人們獲得某種恩惠時，就會想要給予相同程度的回報。例如被稱讚時容易覺得必須稱讚對方，或者是試吃後覺得一定要買，都是受到互惠原則的影響。

KEYWORD

親和需求　一貫性
獨特性

從社群貼文看出對方性格①

◎性格藏在細節裡

若是能夠光憑社交媒體就理解一個人的個性，相處起來或許會輕鬆許多。

介紹幾個重點，幫助各位透過貼文的形式與內容，窺見對方的性格。

1. 貼文頻率

上傳許多自言自語、充滿情感的短文，內心通常都藏著希望他人搭理自己的需求。**入夜後突然大量發文，通常都很害怕寂寞。這是因為「親和需求」有在夜晚升高的傾向。**

2. 貼文長度

大事小事都想分享，或是期望他人理解、產生共鳴的情緒強烈時，貼文的長度有較長的傾向。收到內文特別長的訊息時，或許是因為對方對自己抱持好感。此外，當內心感到不安時，也有發文特別長的傾向。

貼文偏短的人，要不是已經寫得很習慣，就是極富自信。文字風格冷淡的短文，或許也代表這個人很怕麻煩。

3. 按讚數量

一般來說，經常按讚的人認為大家一起玩比較開心，所以渴望與他人交流，也有比較外向的傾向。

從貼文看出對方性格

經常上傳各種短篇貼文的人，或許是希望他人搭理自己。

入夜後就會大量更新動態的人，或許是害怕寂寞，所以親和需求越夜越高。

文章特別長，是希望他人理解，或是感到不安時的證據。

文章特別短，是因為寫得很習慣，或是很有自信。

按讚數很多的人，往往追求與他人的交流。此外，也有些人（業者）是基於特定目的，所以大量按讚。

極少按讚的人，很有可能具有高度的尊重需求。其中有人會認為：「隨便表達認同，會讓自己看起來很廉價。」

「獨特性」與「一貫性」

個性是人的特徵，具有「獨特性」與「一貫性」。人在面對同樣的刺激時，會發怒或是感到沮喪，但是產生的反應會因人而異，這是因為性格擁有獨特性。即使一貫性會隨著狀況變化，基本思維與行為仍不會改變。

從社群貼文看出對方性格❷

4. 照片內容

從上傳的照片內容，可以看見性格傾向。如果都是旅行或食物的照片，當然有一部分是想要炫耀，**但其中似乎含有想和他人分享喜悅的心情**。

總是上傳特定料理或內容的人，個性上可能較為挑剔。比較需要留意的是，總是透過照片不經意展現自己獨自吃飯的人。乍看之下或許是想炫耀自己的自由，但是實際上可能是醉翁之意不在酒的已婚人士。

大量上傳自拍照的人比較自戀，但是一口氣上傳多張類似自拍照時，可能是渴望他人仔細看看自己。對他人來說或許是相同的照片，但是對當事人來說，就算只有少許差異也很重要。

5. 貼文內容

「抱歉寫錯字了。」會頻繁修正自己錯字的人，對於被他人看見缺點一事很敏感，性格上比較誠懇認真。而錯字很多的人性格比較粗心，但也可能只是急著想分享而已。

貼文內容大量使用「我」作為主詞的人，或許比較以自我為中心。

總是談論著喜歡的電影或音樂，則蘊含著「我知道這麼棒的作品，很厲害吧」這種想被稱讚的心情，渴望獲得他人認同，同時也有可能恐懼遭到否定。

經常提及他人或自己的情緒時，基本上很容易因為人際關係產生壓力。對於擅長處理人際關係的人來說，「照顧他人或自己的情緒」已經是極其自然的事情，不會特別拿出來談論。

6. 對於追蹤者的思維

追蹤者重質不重量——有些人會透過言行表現出這樣的想法，但是這類型的人反而很重視追蹤者的數量，自尊也相當高。

總是同時上傳多張看起來相同的照片，可能希望他人可以認真看看自己，並且對此感到不安。所以看到這類照片上傳時，不妨留言說句「好可愛」、「好棒喔」包容對方的不安吧。

會訂正貼文或信件錯字的人既誠懇又溫柔，所以請以貼心的留言安慰對方吧。

KEYWORD

現狀偏差
損失規避

不適應遠端工作的主管心理

◎與主管相處產生壓力的遠端工作

「遠端工作方便歸方便，和主管的關係卻形成一種壓力。」相信很多人都有這種感覺。根據一般社團法人網路交流協會於二〇二一年的調查，約65%的20多歲上班族，表示與主管還有年長者舉辦線上會議時壓力很大。

帶來壓力的主因，是如何拿捏溝通的「距離」、難以解讀表情，以及時間會拖得很長。尤其難以解讀表情這件事情，更是在不知不覺間帶來強烈的壓力，讓人必須全神貫注。

◎必須改成遠端工作專用

問題出在溝通工具已經不同，卻仍透過舊有方式溝通。想到自己必須改變就令人不安，因為人有不願意改變現狀的心理。**這種認為維持現狀勝於變化的心理，稱為「現狀偏差」。**

不願意承受改變帶來的風險，想避免損失的心理就會發揮作用。一般來說，隨著年齡增長，或是擁有更高的地位，現狀偏差與損失規避的影響會變得更強。但這並不是不好的現象，而是我們必須試著改變。接下來將具體講解，使線上會議更加有效的溝通技巧。

現狀偏差造成的現象

這是什麼話！
為什麼改用網路
就得調整作法？

有些主管不願意因應時代變化。

嗯？是在
想什麼？

以線上會議為例，會有難以解讀表情，或是搞不懂對方反應等問題，因此必須改變原有的溝通方式。

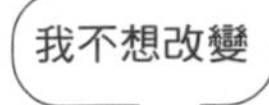
我不想改變

你們才該配合我
我不想損失

不願意改變現狀的背後，藏有「現狀偏差」與「損失規避」這類不安。

1年後

營業額啊

看吧

要跟上時代的改變，才不會造成損失，越早改變對自己越有好處。

現狀偏差

傾向維持現狀而非因應變化做出改變，是種認知上的偏差。打從心底不願意接受損失的人，大幅受到損失規避這種心理的影響。像是不願意更換手機電信方案的背後，也可以窺見這樣的心理。在日新月異的現代，這是必須重視的課題。

活化線上會議的交流方式

◎與面對面不同的線上會議

面對面會議與線上會議之間有很多差異，若仍舊採用相同的行動，期待獲得相同反應就會出問題。

若想要活化線上會議，必須注意下列事項：

1. 給予確實的反應

線上會議難以解讀彼此的反應，因為畫面很小，每個人都是平面呈現，解讀他人想法的材料就會減少。應該說，光憑這些資訊要解讀想法，實在太過困難。

因此，**認同或是理解他人想法時，必須刻意做出較明顯的回應。**無論是身為部下還是主管，對於他人的發言做出回應非常重要。

不如該說，主管要透過明確的反應，讓部下輕易解讀自己的想法，是最重要的。因為當人們感到不安時，專注力就會下降。

2. 特別留意「聲音」

從人類的特性思考，可以看出面對面會議與線上會議的差異，其中最具代表性的就是「聲音」。

像是椅子的聲音、咳嗽、周遭環境音等，面對面會議不會注意到的聲音，在線上會議進行時，會因為麥克風收音而變成強烈的雜音。

人類有種名為「雞尾酒會效應」的聽力選擇功能，會專注於想聽的聲音，並自動忽視沒興趣的聲音。

但是這種功能在線上會議時無法確實運作，因此很容易受到雜音影響。

因此，想要咳嗽或是發出任何雜音時，必須關閉麥克風。

3. 電話的使用方法

從年長者的角度來看，凡事都得寫成文章表達，或是講求打字速度的聊天軟體，對他們而言不太方便。

甚至有人會在附有文字聊天功能的線上會議室，只是簡單的業務聯絡也直接打電話聯繫。這對打電話的人來說或許很輕鬆，但是接電話的人可就痛苦多了。

需要口頭說明的工作或是有急事時，當然必須使用電話，但是**凡事都試圖用電話解決，或許會對他人造成壓力**。因此，務必視情況來決定使用的工具。

KEYWORD

人才培育

遠端培訓部下與後輩的方法①

◎線上育才很困難

過去的作法，在需要線上培訓人才的現代，已經不敷使用。畢竟環境與工具都不同，舊有的方式根本派不上用場。

這裡將從心理學的角度，探索該如何透過線上培訓人才。

◎增加與部下的對話頻率

JTB溝通設計於二〇二一年舉辦的調查發現，很多人認為隨著遠端工作的實施，與主管之間的心理距離更加遙遠。這是因為直接碰面對話的機會驟減、難以解讀主管的情緒或整體狀況、對方無法理解自己面臨的狀況等。

至於在遠端工作的情況下，與主管間的心理距離仍很相近的人，表示遠端工作使線上溝通機會增加、可以感受到彼此互相理解。

目前已經得知，認為彼此間心理距離越近的人，工作幹勁就越高。也就是說，**增加對話頻率是很重要的。**

碰面機會減少的情況，在遠端工作下是必然發生的，因此資歷越淺時就越容易產生孤獨感，工作幹勁也可能跟著變差。

主管這時該做的不是監視，而是適度的溝

通。「不明說也能明白」的作法已經不適合這個時代，雖說過度的溝通容易招致反感，但是在會議之外的時間，安排「同事間的閒聊」、「與主管的對話」、「不同主題的討論」，藉此促進同事間的溝通。

想要拉近心理距離時，對話是最基本的方法。人們不可能什麼都不做，某天就突然交情變得很好。

溝通時最重要的就是讓部下說話，人們會邊說話邊整理想法。很多人在線上會議時很難找到說話的機會，所以請多引導他人發言。透過線上交流時，主管的傾聽是很重要的。

想要縮短心理距離，就必須善加安排談話時間。

主管傾聽部下心聲雖然很重要，但是也請安排同事間閒聊的機會吧。

遠端培訓部下與後輩的方法②

◎藉共感能力提升幹勁

本書頻繁提到的「共感能力」，在主管透過線上與部下交流的過程中，就屬於非常重要的能力。**發揮理解他人想法、貼近他人心情的能力，努力和部下與後輩取得共鳴**。

越來越多年輕人懷抱孤獨感，遠端工作更是容易導致孤獨感膨脹。雖然有些主管會表示「不能寵壞年輕人」、「要讓年輕人學著獨立」，但是與對方取得共鳴並不是寵壞對方，而是成為理解部下或後輩的夥伴。

◎建立良好的表達能力

透過線上的方式下指令給部下時，有時難以精準傳達意圖，必須想辦法使督促對方行動的訊息更加淺顯易懂。主管必須對表達方式多發揮巧思，將抽象指令化為更有條理的內容。例如使用自我肯定溝通法，尊重對方的同時，傳達自己的觀點。

此外，想要提升表達能力，必須多閱讀、多學習不同的表達語彙。督促部下時不要流於情緒化的憤怒，必須仔細說明原因，以及會造成的影響，同時也別忘記表達期許與信賴感。

共感能力在遠端工作中的重要性

共感能力

解讀對方情緒的能力，請敏感察覺部下的反應中不對勁的地方吧。

學習共感能力吧。

更貼近對方的感情，試著陪部下一起開心、一起悲傷吧。

人們的舉止透過螢幕會縮小，所以必須刻意放大「點頭」、「笑容」、「不明白」這些反應的程度。

可不能被時代拋在身後。

自我肯定溝通法

是一種同時重視對方與自己的溝通表達方式。舉例而言，主管告知出錯的原因，引導部下回想出錯造成的影響，並表達出自己對此的想法。如此一來，部下就比較容易將重心放在下次該如何改善，而不會著重在「主管生氣了」。

精神分析

西格蒙德・佛洛伊德 1856年～1939年

佛洛伊德致力於夢境方面的精神分析研究，他認為夢境源自於記憶，人們無法控制選擇記憶的方法，一切都是在無意識的狀態下發生。

他認為人的行為會受到無意識的心理狀態影響，依此解析人心的機制與心理治療。他的無意識學說留下許多重要功績，不僅對心理學造成莫大影響，對後世的藝術與思想亦帶來深遠的發展。

但是當時因為佛洛伊德的研究太過前衛，讓周遭人難以接受。

此外，他與團隊意見相左不願妥協，結果導致眾叛親離。可以說是個研究心理，卻也因為心理而苦的人。

4章

在現實與網路與他人和睦相處的心態

很多人都苦於人際關係，如果有方法能夠迴避不必要的紛爭，以及與他人融洽相處，或許會讓人生變得更輕鬆。本章將介紹與他人和睦相處的基本方法，同時也會提到，透過網路縮短與他人距離的方法。

和睦相處的第一步就是打招呼

◎讓人感到舒服的打招呼方式

人的外表對於印象的形成至關重要，在將自身打理體面的前提下，想要與他人和睦相處，從心理學角度來說，最重要的就是「打招呼」。並非只是單純地打招呼，必須是讓人感到舒服的打招呼方式。

儘管打招呼是如此重要的環節，卻有許多人疏忽。當人們將其視為義務，反而看不清重要性。此外，被強迫打招呼時，還會受到迴力鏢效應影響，忍不住感到反彈。

打招呼帶來的良好形象，會透過「首因效應」殘留在他人心中，有助於提升自己的第一印象。只要平常多累積好形象，肯定會為自己帶來莫大的好處。

請試著向他人打招呼，同時留意「主動出擊」、「站定鞠躬」與「發音清晰」這3大要點。顧及禮節會釋放出重視對方的訊號，沒有人會討厭這種訊號。心理學已經證實，人們面對讓自己心情好的對象時，自然會抱持好感。

如果不擅長站定和他人打招呼，也可以暫停一下就好，這麼做足以表現善意，此外也請面帶笑容，如此一來，人際關係肯定會以驚人的速度好轉。

打招呼的優點

無論是現實生活還是網路上，打造良好人際關係的基本都是「打招呼」，打招呼可以帶來很多好處。

性格爽朗
誠懇
信賴感

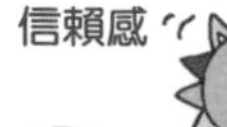

1

打招呼有助於提升他人對自己內在的評價，也會獲得信賴。

2

打招呼代表尊重對方，會讓對方有些開心。

3

打招呼不僅可以博取好感，也可以間接讓自己內心變晴朗。

尤其面對銀髮族，更應秉持敬意並顧及禮節。

身處在人與人必須留意社交距離的時代，關鍵在於如何拉近心的距離，打招呼顯得格外重要。

首因效應（初始效應）

人對第一印象造成的影響很大，有持續下去的傾向，因此首次建立的形象很難抹滅。人會在相遇後數秒至10秒內的極短時間，決定對方在心裡的形象，這種現象又稱為「初始效應」。

視線的去向決定與他人的交情

◎看著對方的眼睛，至少也要看臉

有些不擅長溝通的人，連與他人對視都辦不到。原因包括害羞、擔心遭來負評的畏怯，或者是試圖避免緊張感進一步高漲。

但是當人們發現，對方不願意與自己對視，很容易僅接收到表面訊息，而產生「感覺很差」的想法。也就是說，視線必須要朝向他人的眼睛，至少要看著臉，否則很容易招致誤解。此外，**眼睛也是「興趣感測器」**。尤其是面對面談話時，應該避免在對方說話時明顯移開視線，視線可以說是牽繫起羈絆的線條。

◎手部動作表樂趣，腿部方向表興趣

接著請留意手部動作，將手掌、左右肩膀、頸部視為四邊形，據說這個範圍內的動作豐富時有助於增添魅力，也有助於表現出樂趣與期待。但是有越來越多人，手部動作會超出這個四邊形，看起來就比較誇張。此外，若頻繁做出的動作是在腹部以下，反而會造成不好的印象。再來要特別留意的是腿部方向，腿部未朝向對方時，很容易在不知不覺間表現出對他人不感興趣，所以請留意腿部方向朝向對方。

和他人對視的重要性

總是不肯與我對視
應該是討厭我
筆記筆記

很多人因為害羞而無法與他人對視，卻容易因此招致誤解。

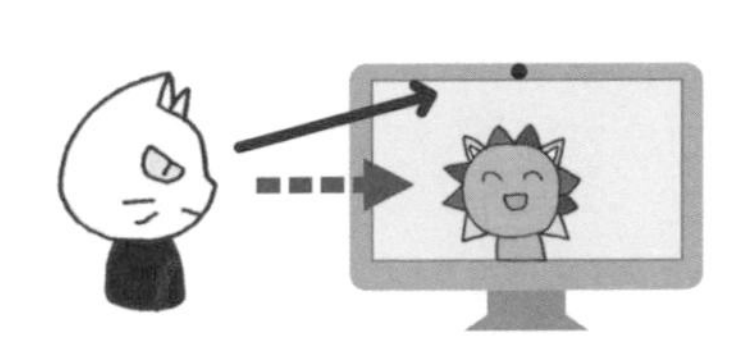

參加線上會議時，必須看向鏡頭，而非螢幕上的眼睛，否則看在對方眼裡，自己會很像在看著別處。

視線明顯移開時，會招致不好的印象。

戴口罩時雙眼會格外明顯，所以必須更留意自己的視線。

肢體溝通

顧名思義就是透過身體與他人溝通。從廣義來說，包括拳頭碰拳頭等肢體接觸、肢體語言與動作等。正在對話的雙方距離越遠時，肢體溝通的重要性就越高。

KEYWORD

透過網路相處融洽的鏡像模仿

◎讓不易理解變得好理解

第106頁提到，透過網路很難解讀他人想法，必須做出明顯的回饋、反應要大一些。

人們說話時總是擔心自己有沒有說錯話，因此能夠透過明顯反應消弭這份不安的人，自然就能夠獲得好感。當然，有人願意為自己建立具有安全感的環境時，也會想要與對方進一步相處。相反的，遇到看不出到底在想些什麼的人，就會感到不安。近年來，人們對這種未知狀態的不安與抗拒感，有不斷增加的趨勢。

◎模仿對方有助於拉近距離

有個心理技巧稱為「鏡像模仿」，就是模仿對方的發言或行為，對方會在不知不覺間覺得親切，自然也比較容易敞開心胸。

首先請試著模仿對方的動作，對方雙手抱胸就跟著雙手抱胸、對方笑就跟著一起笑，在相處過程中反覆做出這類行為，對方就會覺得相處起來很輕鬆。

逐漸熟悉這個技巧後，試著配合對方的說話速度，雙方說話速度一致時，對方會進一步覺得和你的相處很舒服。

鏡像模仿的使用方法

謝謝！

透過網路溝通時，反應要刻意明顯一點。

就是說啊！

對方接收到反應後會很開心。

與對方做出相同動作的鏡像模仿，

和里奧相處
不知為何很輕鬆～

會讓對方不知不覺產生好感。

滔滔不絕
滔滔不絕
配合對方加快語速

說話速度相同時，對方也會覺得相處起來很舒服。

鏡像模仿

如同照鏡子一樣，模仿對方的言行舉止，是讓對方產生好感的心理技巧。因為人們會在不知不覺間，對與自己相似的事物產生好感（相似性法則）。

線上也可運用的午餐技巧

◎適合線上討論的食物

試圖與他人拉近關係時，還有所謂的「午餐技巧」。據說在用餐時提出委託，對方會比較難拒絕。

這也是可以在線上運用的方法，只要邊喝點飲料、吃點東西邊討論，就比較容易正面接納他人的話語。只要不是嚴肅的會議，準備小點心或飲料，邊吃喝邊討論，或許會比較順利。

此外，選在傍晚或接近午休的時段討論，因為對方可能正處於空腹的狀態，要盡量避免在此時提出委託對方的話題。

◎拒絕線上飲酒會的訣竅

另一方面，有人不擅長應付和其他人的線上飲酒會，因為線上飲酒會的節奏與現實生活的飲酒會不同，必須在眾目睽睽之下說話，或許會覺得窒息。也有些人覺得私生活遭到入侵，而對此感到抗拒。這時請勿忍耐，應先學會適當的拒絕方法。

只要準備好「想參加但是無法參加」的理由就可以了。若對方是朋友，就表示「公司要開會」；同事的邀約可以說「家人不舒服」或是「家人正在遠端工作不想打擾對方」等。

線上交流也可以運用午餐技巧！

這是你個人的
想法對吧

嗯，聽聽看
你怎麼說吧

人們空腹時容易感到煩躁，比較難贊同他人意見。

飽餐一頓後比較容易贊同他人的意見。

透過線上交流時也要避免空腹，讓雙方能夠放鬆對話。

線上飲酒會的婉轉拒絕範例

- 公司要開會
- 孩子或家人不舒服
- 家人在遠端工作不能喧鬧
- 網路不穩（這個理由不能用太多次）
- 鄰居會抗議所以夜晚不適合參加
- 太忙了沒心情

有些人無法適應線上飲酒會，不想參加時請不要勉強自己，找個婉轉的理由拒絕吧。

午餐技巧

美國心理學家拉茲蘭，與實驗參加者邊用餐邊討論政治，事後調查參加者對自己的看法。結果發現，用餐後對他抱持好感的人，比用餐前還要多，由此可知飲食會影響同意的機率。

和睦相處的第4法則就是讚美

◎讚美會使人敞開心胸

第56頁介紹與他人相處融洽的3大法則，若有第4個，肯定是「讚美」。

若有人看見自己的優點並加以讚美，會讓自己的心情變好，而人們容易對這樣的人敞開心胸。最近的人們有自尊偏低的傾向，對讚美自己的話語格外敏感。

此外，受到讚美後會更渴望讚美，並為此努力，試圖與讚美自己的人強化關係，因為認為對方是能夠理解自己的人，所以會充滿好感。如此一來，讚美方也會覺得雙方相處起來很舒服，對雙方而言都有相當大的好處。

◎讚美有助於成長

此外，讚美有助於培育部下或後輩。雖然實際情況受到個性影響，無法一概而論，但相較於斥責，部下或後輩因為讚美而成長的比例比較高。

帶著期許讚美他人時，被讚美的人就會更願意努力，自然就更容易成長，**在心理學稱為「比馬龍效應」**。讚美既能夠強化關係，也能夠使人進一步成長。

讚美的重要性

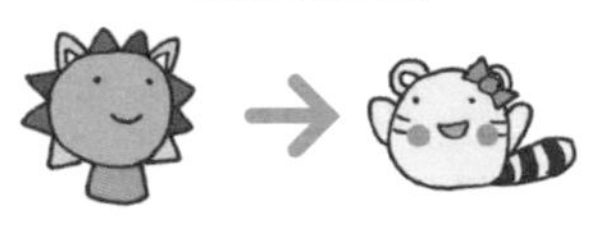

受到讚美會感到開心，

會希望與讚美自己的人進一步相處。

勉強稱讚他人時，彼此都會覺得難受。所以請秉持著這樣的心態：「讓我引導出對方不為人知的優點吧！」

你做得很好
我也很開心喔
好開心
我要繼續加油

讚美還能夠帶來中長期的效果，幫助對方進一步成長，因為被稱讚的人會更加努力，自然就更容易進步。

比馬龍效應

心理學家羅森塔爾隨機抽選學生，並向國小老師介紹「都是將來很有前景的學生」。結果顯示，儘管是隨機選出的學生，1年後獲選的學生成績都有明顯提升。也就是說，老師帶著期許對待學生，有助於成績提升。

讚美技巧講座

◎大讚美技巧

想必各位已經想要大肆讚美他人了，讚美有4大關鍵必須掌握。

第1點是必須從第2次見面再開始讚美，第1次見面就卯起來稱讚對方，會讓人難以相信，好像無論對象是誰都會稱讚。建議在第2次見面，搭配「最初見面時就這樣想了」這個台詞讚美對方。

第2點是從小地方開始讚美，人們是渴望被稱讚的生物，就算只是小地方也一樣開心。

第3點是要具體讚美，細微的優點也具體讚美會讓人更加信服。讚美時不要僅說「這份資料做得很棒」，而是要具體指出「文章淺顯易懂」、「結構拿捏得很好，視角很精準」等細節，如此一來，對方也會進一步努力。

第4點是對方否定之後要再度讚美，有些人受到稱讚後，會謙虛表示「沒有這回事」。如果這樣就結束，會使讚美變成單純的客套話。請立刻否定對方的謙虛，表示「才不是這樣」。如此一來，會讓讚美的內容更具真實感，對方也會非常開心。讚美他人的時候，切記必須強硬一點。

◎讚美技巧的應用關鍵

除了基本的讚美關鍵，還有其他要注意的地方。由於受到稱讚會帶來強烈的愉快感，因此有些人會對此上癮。結果為了獲得更多稱讚，行事原則會以能獲得稱讚為優先，而非自己的情緒或想法。

例如，委託對方製作資料做得很好時，相較於「做得很好」這種籠統的稱讚，加上後續影響以及自己的情緒，表示「有了這份資料，其他團隊也會感到很開心的（影響），謝謝（情緒）。」獲得感謝會使受讚美的人更有幹勁。

4大讚美技巧

對大家都很有幫助
我也很開心
嘿嘿嘿

稱讚者讚美對方時，要進一步表達出自己的情緒，如此一來，對方就不再只是「想獲得稱讚」，日後也會想要「讓對方開心」。此外，為了讓受稱讚的人不要一味追求稱讚，也要真正地成長，適度嚴肅指正也是很重要的。

❶ 不要馬上讚美，第2次見面再稱讚，對方才會相信。

❷ 從小地方開始讚美，並且頻繁稱讚。

❸ 要具體讚美，相較於籠統的說詞，稱讚細節更有效。

❹ 對方否定後，必須說「才不是這樣」，再進一步稱讚。

令人開心的讚美方法

◎透過第三者稱讚

效果更好的讚美方法，就是不要當面稱讚對方，而是透過第三者傳達。

舉例來說，相較於直接被朋友稱讚，聽到其他人表示「〇〇一直很讚賞你」會更加開心。當面稱讚難免會像是在說客套話，或是試圖打好關係，但是透過第三者得知，就會覺得讚美者似乎真的這麼想，**這種現象稱為「溫莎效應」**。

相較於直接告訴本人，透過第三者傳達的影響力較大，背後說壞話也會有相同的效果。

◎先貶後褒的技巧

美國學者亞隆森與琳達，針對讚美方法做實驗，結果發現「褒」與「貶」的順序，會對聽者的感覺造成莫大影響。

先貶後褒帶來的感覺最好，最差的是先褒後貶，**這種現象稱為「得失效應」**。先受到讚美後才聽到指責，最終留下的只有強烈的不悅；但是先聽到指責後再聽到讚美，受到讚美留下的印象會比較深刻。

所謂「傲嬌」，就是得失效應的結果，最終變得非常在意對方。

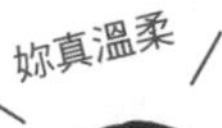
溫莎效應

妳真溫柔
可能是客套話

受到當面讚美時會開心，但仍會保有戒心。

她說
妳很溫柔喔
真的嗎

透過第三者接收到讚美會更加開心，這種現象稱為「溫莎效應」。

應該是
真心話
她也告訴別人了

透過第三者得知，比較不像客套話，聽起來比較有真實性。此外，知道對方也告訴他人自己的優點，也會感到開心。

得失效應

你出錯了ー
超級沮喪

整體來說幹得好ー
整體提升！

蹦

當面讚美對方時，先把指責的部分講完，將讚美話語擺在後面會更有效果，如此一來，對方會對被稱讚一事印象深刻。

溫莎效應

相較於當面稱讚，透過第三者得知自己被稱讚，會感到更開心的心理效應。溫莎之名，源自於懸疑小說角色溫莎伯爵夫人的台詞：「無論什麼情況，透過第三者讚美都最有效果。」

KEYWORD
單純曝光效應
相似性法則

縮短彼此距離的心理①

第10頁提到，越來越多人苦惱於人與人之間的距離感，並從信賴感的角度來探索。這裡要探討的，就是具體縮短與他人距離的方法。

◎信賴感10%↓30%

不能為了縮短距離，就急著提出包括隱私在內的問題。先聊聊與現場環境有關的話題，例如身在職場就聊公事，**是必須善用「單純曝光效應」提升信賴感的階段**。

無論是現實生活或是網路都一樣，若雙方都散發出想進一步了解對方的氛圍，當然可以早點進入下個階段。

◎信賴感30%↓50%

彼此稍微建立起信賴關係後，就可以聊興趣、自己周遭的環境，現場不會看見的部分。**人類從他人身上感受到相似性或共通點時，會覺得親切與安心，也比較容易敞開心胸，這就稱為「相似性法則」**。

這個階段可以暢聊喜好，通常也會談到家人等比較敏感的話題，所以說話之前應深思熟慮。儘管很多人在意背景、環境與過去，但是聊聊當下與未來也是不錯的。

將信賴感化為數值

（10%） 剛認識沒多久，建立信賴感從這裡開始
（30%） 經過多次的談話，比較了解對方
（50%） 可以聊到興趣、自身環境等較私密的話題
（70%） 建立起信賴關係，可以互相商量
（90%） 信賴關係相當穩固

（請參考第11頁）

信賴感10% → 30%

透過「單純曝光效應」逐步提升信賴感的階段，在現實生活與網路上都適用，請想辦法與對方多多見面。

信賴感30% → 50%

透過「相似性」與「共通點」逐漸拓寬話題類型的階段，相較於私密話題，建議從興趣與喜好等探索共通點。

相似性法則

人們容易對興趣、價值觀、態度與自己相似的人產生好感，相似性越高，代表自己的想法越正確，自然會感到安心。理解對方的想法會減少衝突，容易產生與對方的一體感，自信也會隨之而生。

縮短彼此距離的心理❷

◎信賴感50%↓70%

這個階段會開始提到一些原本較難啟齒的話題，關係也會越來越穩固，**提起自己的事情，就稱為「自我揭露」**。心理學研究發現，人們聽到他人自我揭露後較易產生好感。

一般來說，日本人非常不擅長自我揭露，難以啟齒的隱私話題都想盡量藏在內心。但是善加自我揭露，通常有助於提升人際關係，加上「熟悉定律（頁58）」的效果，就可以建立更加親近的關係。

◎信賴感70%↓90%

這個階段僅有一定信賴感的人才辦得到，情侶或夫婦都未必能夠順利進入到這個階段，雙方關係停留在70%左右的情況並不罕見。若是能夠建立起強烈的羈絆，例如說出沒辦法告訴其他人的祕密等，就可以朝著90%邁進。

近來，人們漸漸不懂得掌握適度距離感，甚至有些人初次見面就語氣隨便，或是過度自我揭露。人與人之間的距離感是有溫差的，請放緩腳步，留意信賴感建立，構築與對方之間的人際關係。

將信賴感化為數值

信賴感 50% → 70%

對啊對啊

說出自己的隱私讓關係進一步發展，同時會發揮「熟悉定律」的效果，形成更親密的關係。

信賴感 70% → 90%

我也是
和你相處時
總感到很安心

可以共享祕密、無話不談的關係，信賴感極高。但只有一部分的人，能夠進展到這個程度。

人數示意圖

信賴感 10%→30%

信賴感 30%→50%

信賴感 50%→70%

信賴感 70%→90%

每個人的想法都不同，
有些人喜歡廣而淺的人際關係，
有些人則不在意朋友人數，
比較重視關係緊密度。

自我揭露

提到自己的興趣、家庭與夢想等，稱為自我揭露。這時會產生自己既然揭露到這個程度，對方也必須比照辦理的心理，稱為「自我揭露的互惠原則」，自我揭露與心理距離具有關聯性。

成為共感反應大師

◎光是點頭就令人開心

懂得附和他人的話語是個很重要的能力，因為說話者非常需要他人的反應。尤其是線上會議時，很難看懂他人的反應，做出適度的附和格外重要。

最基本的反應就是點頭，一般對話時，每隔一段時間就要點個頭。而線上會議時，這類反應就要更明顯。重要的話題必須深深點頭，一般話題就簡單點頭表現出「嗯嗯」的認同感，只要反應類型豐富一點，看起來就像在認真聆聽。

◎笑、驚訝、佩服

他人說出有趣的事情時，請確實地笑出來。笑，能夠與他人分享快樂的情緒。面對面時當然可以含蓄優雅地笑，但是線上會議請大笑吧，要是看起來像冷笑的話反而失禮，必須適度調控反應的大小。

此外，請按照話題內容表現出驚訝或佩服等不同的反應，看到聽者有確實的反應，說話者會感到很開心。

溝通的基本不在於資訊的傳達，而是如何讓他人感到自在。

有效的反應法

最基本就是點頭，適度的反應很重要。

線上對話時要大幅度擺動頭部，對方才會感到安心。

具有意外性的話題，就要表現出驚訝，讓對方覺得自己說出很厲害的事情，使尊重需求獲得滿足。

對方開玩笑或提到有趣話題時就要笑，讓對方覺得真的逗樂自己，如此一來對方也會覺得很自在。

對自己有益的資訊、沒聽過的事情等，要表現出佩服。

人們會追求讓自己感到自在的對象。

吹捧法則

用來吹捧他人的話語，包括「真不愧是你」、「我都不知道」、「好厲害」、「真有SENSE」、「原來是這樣」。其中「真有SENSE」意思曖昧所以很好用，可以視情況換成「很有責任感」、「很誠懇」等。

KEYWORD

情緒一致性效應
觸發效應

用肯定語溝通

◎積極的話語讓心情也積極

連續下雨的日子，在公司遇見主管時，各位會說什麼呢？

「下雨真討厭」之類的話語當然沒問題，但是這邊要介紹更進階的溝通法，那就是換成「聽說明天會放晴喔」這種正面的表達方式。

人們刻意使用正面的表達方式時，心情也會跟著變積極。聽到負面話語就想給予負面回應，**感受到正面情緒就會想以正面情緒回應的現象，稱為「情緒一致性效應」**。

◎人們偏好開朗樂觀的人

不要光想著「辦不到」，請改成「這麼做就有可能」這種正面的想法。

近來社會各個角落都充斥著負面氛圍，因此很多人都渴望與積極正面的人相處。情緒一致性效應不僅會在對話中生效，聽見或看見正面的事物時，同樣能夠讓人更加樂觀，**這種現象稱為「觸發效應」**。

試著把「不要緊張」換成「放輕鬆」，把「不要犯錯」換成「拿出正確的結果」吧。

留意情緒一致性效應

一見面就開啟晦暗的話題，會讓人不知不覺間產生晦暗的情緒。

使用正面的肯定語，有讓情緒跟著變積極的傾向，所以請刻意選用正面話語。

肯定語範例

「不要緊張」→「放輕鬆」
「不要跑步」→「用走的」
「稍等一下」→「現在馬上確認」
「不要犯錯」→「拿出正確的結果吧」
「不要擔心」→「放心吧」

請像這樣盡量選擇正向的話語，句句斟酌會很辛苦，只要多多留意就可以。讓周遭人感到自在，自然會吸引其他人接近。

觸發效應

意指會受到事前聽聞的影響，促進或壓抑後續反應。例如看到紅色物體時，若告知「想像一下水果」，就很容易聯想到蘋果。這樣的效應也可能喚醒某種感情，稱為「情感觸發」。

KEYWORD

電子郵件人格
去個人化

面對面不會出現的電子郵件人格

◎電子郵件人格與機制

這裡要介紹在人際關係中造成阻礙的心理，其中一項就是「電子郵件人格」。有些人當面交談時的氛圍，與透過郵件或社交媒體訊息等交流時的氛圍截然不同。

產生電子郵件人格的理由之一，在於身處網路環境時，容易發生個人色彩變淡的「去個人化」。此外，透過網路發聲，若處於周遭都沒人的封閉環境，會讓人不由自主釋放本性，其中最容易增加的就是負面情緒。

有些人摸到方向盤就個性大變也是如此，以自我為中心的本性湧上，不知不覺變得強硬。此外，電子郵件等會刪除多餘的話語，很容易僅談及與正事相關的話語，散發冰冷氛圍。

◎增加交情的電子郵件與貼文

想要和他人相處融洽，建議在無機質的冰冷文章中，多加額外的語句，有時僅說「了解」會讓人覺得冷漠，請視情況多講幾句話。

商務以外的往來，則可在最後搭配表情符號，傳遞與面對面交談時相同的情感。這類話語多少會表現出說話者的個性，只要多加留意就足以影響自己散發的氛圍。

電子郵件人格發生的原因

電子郵件人格指的是從郵件文字散發的性格，與實際性格截然不同的現象。像是有時信件讀起來在生氣，但作者根本就不在意，甚至大多數的情況下都沒有在生氣。

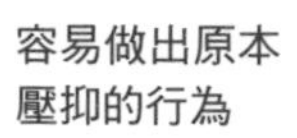

容易做出原本壓抑的行為

將內心所想表現出來

將郵件視為傳遞資訊的工具，不放任何感情

造成電子郵件人格的原因不只一種。

將郵件視為傳遞訊息的工具，使內文過於簡短（對象是熟知個性的人就沒有問題）。

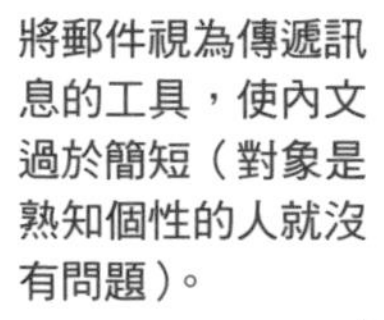

請將郵件視為溝通工具，視情況搭配額外的語句。

電子郵件人格

實際性格與郵件展現出的性格不同，產生電子郵件專用人格的現象。不僅會發生在電子郵件上，社交媒體也相當常見。這個現象通常會用在負面情況，像是反應很冷淡、看起來很像在生氣等。

KEYWORD

親和需求
歸屬感需求

朋友要重「質」還是重「量」？

◎不懂得交朋友的人逐漸增加

本章解說與他人融洽相處的方法，但是人類為什麼會想與他人融洽相處呢？本章最後要回到原點，探索想要與他人融洽相處的心理。

人類的基本需求，包括「親和需求」與「歸屬感需求」等，追求與人之間的羈絆，本能地追求與他人融洽相處，試圖結交同伴。

此外，會秉持著某種企圖與他人建立好交情，因為擁有大量的人脈，會為自己帶來很多好處。有時候則是因為「要和大家融洽相處」的價值觀，已經深植在社會所致。

◎不擅與他人融洽相處的人逐漸增加

整體來說，現在不擅長與他人交流的人增加了，無論是什麼年齡層，都有人不知道該怎麼交朋友或是結交同伴。

世界青年意識調查發現，日本青年會透過朋友或同伴增加充實感。

但是在這種情況下，卻有越來越多人不懂得交朋友。隨著遠端社會的發展，這種傾向將越來越顯著。

◎朋友要重質還是重量？

京都大學的內田教授等人，以日本大學生為對象，調查人脈的數量與品質會對幸福感造成什麼樣的影響。

結果發現，追求廣闊人脈的類型，會因為朋友人數多而感到滿足；追求穩定人際關係的類型，則會因為往來的品質，對人生感到滿意。每個人的需求不同，無法用「朋友多比較好」、「摯友般的羈絆比較重要」一概而論。

有些人會因為人脈較少，而感到自卑或是產生情結，但是這是沒必要的。

結交許多朋友當然有相應的好處，但是也有人無法藉此獲得精神上的幸福。

不必強迫自己交朋友，請不要給自己太多壓力，要求自己與他人融洽相處。

想要擁有很多朋友？
朋友少也沒關係，交情好比較重要？

有些人因為朋友數量多而感到滿足，

有些人雖然朋友數量少，但是交情都很穩定，所以覺得自在。

沒必要滿心想著交朋友，
別人是別人，自己是自己，
每個人覺得自在的道路不同，
請以自己覺得舒服的方式慢慢來。

Column 4

心理學研究者與歷史

分析心理學

卡爾・榮格 1875年～1961年

研究深層心理的榮格，深受佛洛伊德的影響，並與其成為摯友。但是隨著雙方的方向性出現差異而漸行漸遠，後來發展出獨創的心理學——分析心理學（榮格心理學）。

榮格提出人格面具，就是如戴上面具一般，表現出與真正自我不同的面貌，藉此適應與外界的往來。而人格面具當中，有著後天受到壓抑的無意識情結。以上詞彙，都是由榮格的推動而普及化。

後來榮格也對歷史與宗教產生興趣，踏入超越心理學框架的靈魂領域。

5章

有助於預防與改善關係惡化的心理學

人際關係一旦產生裂痕就很難修復，既然如此，不如一開始就先認識避免關係惡化的方法，或者是在產生裂痕時儘早改善。因此要介紹的，就是預防與改善關係惡化的心理學。

KEYWORD

三色視覺

如何面對關係惡化的對象

◎低下的溝通能力

現在人們碰面溝通的機會減少，因此無法培養充足的溝通能力。

根據有力的神經科學學說，人類的視覺已經進化到可以分辨細微色差的程度，因此能夠透過臉部的膚色變化，察覺他人的情緒。

人類的血流狀態會隨著生理狀態產生變化，進而導致膚色改變。

然而，現在人們都戴著口罩，透過線上交流難以確認臉部的變化，處於難以養成看臉色能力的環境。

◎如何面對人際關係

再加上現在多半追求社交距離，要讓人們之間產生心理上的親近感，變得更加困難。

這個時代，不僅難以構築人際關係，彼此間的關係也容易惡化。正因為處於難以培養溝通能力的時代，學會與他人融洽相處更為重要。如何避免人際關係繼續惡化，以及惡化時該如何改善的能力，也不容忽視。

本章要介紹除了預防關係惡化的技巧，也要透過心理學，改善已經惡化的人際關係。

看臉色能力

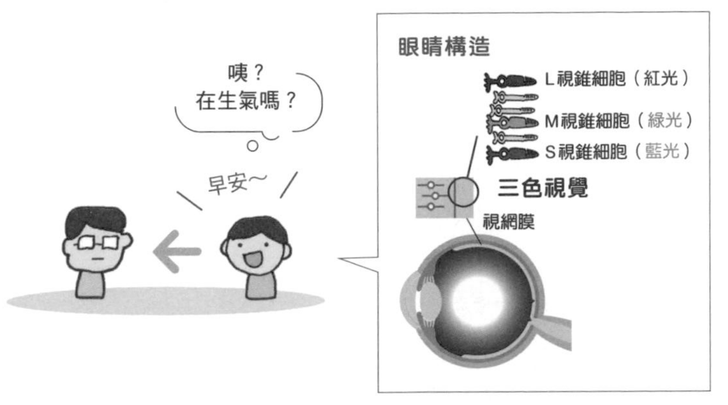

有學說認為，人類的色彩分辨能力相當發達，已經演化到可以分辨細微臉部膚色差異的程度。但是現代人都戴著口罩，透過網路交流，很難判斷他人的臉色變化，可以說是處以難以培養解讀他人情緒能力的環境。

在溝通能力難以進步的現代中，與他人建立好交情是很重要的。

該如何避免人際關係惡化，或是已經惡化時該如何改善，將成為建立好交情的一大關鍵。

三色視覺

眼睛的視網膜中有視細胞，其中包含多個視錐細胞，對波長的接收能力不同。當資訊傳到腦部後，就成為顏色。人們擁有三色視覺，而犬貓等人類以外的哺乳類，幾乎都是雙色視覺，因此人類在哺乳類動物中，屬於色彩分辨能力特別強的一種。

KEYWORD

期待

容易莫名受攻擊者的特徵❶

◎容易受攻擊者的特徵

明明做著與他人相同的事情，不知為何容易遭受攻擊。

大家都不想陷入糾紛，因此研究了容易引來攻擊的人，發現顯著的模式。

◎A型／不符合他人期待

第一種是無法符合他人期待的人，但是並非所有不符合期待的人都會遭受攻擊，關鍵在於「看起來會符合期待，實際上卻並非如此」。

一開始就跳脫他人的期待，他人自然不會抱持太多想法。但是看起來似乎會按照自己想法行事的人，若是表現得不符預期，人們就會感到憤怒。**憤怒這份情緒，多半會在事情不如預期的時候發生。**

「這個人會實現我的想法」的心情高漲之下，若事與願違，就會產生強烈的憤怒。

而遭受攻擊的人往往自尊較低，看起來很軟弱，讓人覺得即使攻擊也不會遭到反擊。

「你不過是大雄，竟敢這麼囂張。」胖虎常說的這句台詞，就是擅自認定他人軟弱，卻發現不符合預期所致。

容易受攻擊者的類型

有些人特別容易遭受攻擊，分析大量數據後，發現可分成3種。

A.
不符合
他人期待的人

B.
自信滿滿的人、
自以為是的人

C.
其他
（顯眼的人等）

A型 不符合他人期待的人

特定對象看起來軟弱，會按照自己心意行事，實際上卻不如預期時，

有些人會因此產生強烈的怒氣。

有些人認為，看起來軟弱的人就必須按照自己的想法行事，或是必須表現得軟弱。實際狀況並非如此時，會覺得不悅，並將脾氣發洩在對方身上，簡直就是胖虎的邏輯，所以一開始避免他人看不起是很重要的。

KEYWORD

嫉妒心

容易莫名受攻擊者的特徵❷

◎B型／自信滿滿、自以為是的人

第二種是自信滿滿的人、總炫耀自己很幸福的人，以及自以為是的人，語氣與態度強硬的人也歸在此類。

這類型的人反擊手段強烈，現實生活很難攻擊。他們表現出若被攻擊「不會善罷甘休」的態度，讓人擔心攻擊他會被針對，所以會盡量忍耐。但是透過線上交流，就會覺得自己很難被抓到，想攻擊強悍者的心情就會不由自主湧上，**原因多半是嫉妒心**。

◎C型／其他（顯眼的人等）

顯眼的人有容易遭受攻擊的傾向，正義感太過強烈的人也很容易遭此待遇，因為人們內心對正義感的情結，會受到這類的人刺激所致。

比較特別的是，不說出自己想法的人也歸在此類。人類具有恐懼未知事物的心理，遇到不願意說出自己想法的人，會懷疑是因為對方對自己抱持負面想法，因而產生負面情緒。

共通點在於「看起來無法反擊」。例如，平常反擊力道強烈的藝人，會因為受到輿論影響而道歉，此時卻會遭到進一步的攻擊。

容易受攻擊者的類型

B型　自信滿滿的人、自以為是的人

人們很難在現實生活中攻擊自信滿滿的人、自以為是的人、強勢的人，因為會害怕對方的反擊。

這類型的人在社交媒體中卻是最佳攻擊對象，因為讓人覺得應該不會被抓到，所以不會遭到報復。

看到這些人以自我為中心發文時，會感到不滿（迴力鏢效應）並產生嫉妒心，累積到一定程度時，就會在逮到對方失言或失誤時徹底攻擊。

C型　其他（顯眼的人等）

- **正義感過強的人**
  （嫉妒心受到刺激）
- **高收入的人**
  （就算沒有炫耀，也很容易引來嫉妒）
- **不說出自己想法的人**
  （因為不知道在想些什麼而感到不安）

所有類型的共通點，都是因為「看起來無法反擊」。現實生活中攻擊他人時，通常會在看到對方受到打擊時心軟而停手。但是社交媒體的去個人化，會使人變得冷酷，因此遭受攻擊時表現出受到打擊，或許不是件好事。

KEYWORD

自尊　自戀
共感能力　發洩行為

攻擊者背後的心理

◎攻擊者的特徵

什麼樣的人會攻擊他人？來探究攻擊者的內心，**畢竟知己知彼非常重要。**

1. 自尊偏低

自尊代表自認為的價值，自尊偏低的人有輕易與他人比較的傾向。其中有些人為了掩飾自己的情緒或弱點，會試圖攻擊他人，透過攻擊或酸言酸語拉低他人，感覺自己比較優越。

2. 自戀

自戀的人希望獲得比他人更好的評價，尤其是自尊偏低的自戀者，更是渴望他人的評價。

此外，對他人的才能非常敏感，發現某個人擁有自己會嫉妒的才能，嫉妒心會爆發，想攻擊對方的衝動也會隨之湧上，想透過攻擊他人，守護自己的地位。

在社交媒體世界這些傾向的出現高於現實生活，因此遇到對方沒有為自己按讚，或是留言後只獲得簡短回應，就會認為對方應該更在意自己。

3. 共感能力或想像力低下

缺乏共感能力的人，只能站在自己的立場思考事物，很容易不喜歡他人。

明明對方可能在看不見的地方努力著，仍會感到嫉妒，僅對表面看得到的結果產生反應。這種以自我為中心，只能看見一部分的心理效應，近年來逐漸增加。

4. 攻擊性發洩行為

有些人為了發洩日常壓力，會到處尋找可以攻擊的人。只是為了發洩煩躁的情緒，而毫無理由地攻擊看起來軟弱的人。

因此聽到對方道歉反而更加憤怒，畢竟憤怒的原因對他們來說不是重點，最重要的是找到可以攻擊的對象。

攻擊者的4大特徵

1. 自尊偏低
2. 自戀
3. 共感能力或想像力低下
4. 攻擊性發洩行為

面對攻擊時的自我防衛術❶

得知遭受攻擊的相關機制後，就要以此為線索盡量避開攻擊，同時也要避免攻擊他人。接下來要探究的，即為防禦與躲避攻擊的自我防衛術。

❶分析攻擊的理由

如果已經有正在攻擊自己的人，請先試著找出原因。對方為什麼生氣？只是為了生氣而生氣？還是有什麼理由？找得出原因自然就可以避開，還有機會避免更劇烈的下一波攻擊。若確定問題出在自己身上，適度修正有助於成長。

❷留意反應的順序

表現得軟弱缺乏自信時，對他人來說就是絕佳的攻擊對象。因此要採取較強勢的態度，並確實表現出來。

要特別注意的，若一開始釋出善意（態度溫柔貼心），之後才表現出拒絕，對方會因為不如預期而感到煩躁，進而做出攻擊行為。**這也是受到「得失效應（頁126）」的影響。**

相較於中途才開始變得強勢，一開始就展現強烈的自我非常重要。

❶分析攻擊的理由

若有人開始攻擊自己，

不能一味逃跑，要思考自己受到攻擊的理由。

若確認問題出在自己身上，適度修正有助於成長。不擅長表現強勢也無妨，只要稍微留意就會有效果。

若問題出在對方身上，要思考該怎麼避開。

❷留意反應的順序

要注意稱讚的順序

- 攻擊 → 稱讚
- 稱讚 → 進一步稱讚
- 攻擊 → 進一步攻擊
- 稱讚 → 攻擊

帶來好感的順序 ↑

「攻擊後進一步攻擊」與「稱讚後再攻擊」都要盡量避免，一旦稱讚他人，就只能繼續稱讚下去。

面對攻擊時的自我防衛術❷

❸不要過度炫耀與煽動他人

社交媒體的樂趣，在於與追蹤者或朋友分享自己的想法、所做之事與收穫等，覺得有些驕傲也不是壞事。

但是這類貼文當中，若含有看不起他人，或是過度炫耀成功的性質，就容易遭致攻擊。

嫉妒心是驅動人們的力量中特別強烈的一種，覺得自己很不幸的人，容易與他人比較並產生嫉妒心。

人們認為嫉妒心太過膚淺，會試圖尋找其他理由正當化，例如包裝成正義感，或是想出對方所犯的錯。

如此一來，就會覺得對方所做之事全都有問題，甚至會監視特定對象，成為「黑粉」。

想要避免遭到攻擊，關鍵在於不要刺激到對方的嫉妒心。因此，撰寫文章時試著不要以炫耀為目的，而是展現出自己的才能與自己的做法，從為他人帶來幫助的視角撰寫。

要在社交媒體上發布什麼樣的動態，都是個人的自由，但是透過社交媒體，畢竟能與世界上各式各樣的人接觸，所以撰寫時請留意，這是會被很多人看見的。

❸不要過度炫耀與煽動他人

你看你看～
只有成功者
可以去
樂園1日遊

即使是「你看你看」這種毫無惡意的單純貼文，也可能成為過度炫耀或是煽動他人的內容，

我去不了
一點也不好玩

有時他人會解讀成被愚弄或是被鄙視。

好厲害啊－
感覺如何？
很讚耶～

分享好事並沒有錯，最理想的社會就是人們能夠互相分享喜悅。

把握起飛日前的折扣
有25折喔
不去嗎

不要僅止於炫耀，同時分享讓觀看者受益的資訊，

25折啊
真是不錯的資訊

如此一來，其他人就不易產生攻擊的心情，請稍微站在他人立場思考吧。

嫉妒心

覺得他人比較優秀或比較幸福時，內心會湧現怨懟情緒，往往會使人難以構築良好的人際關係。但是很多人不願意承認自己感到嫉妒，因此不可以明確指出「你就是在嫉妒」。

面對攻擊時的自我防衛術③

④不要客觀指出對方的情緒

面對攻擊者時，透過溝通讓對方冷靜下來，是相當困難的。

對憤怒的人客觀表達「你正處於憤怒狀態」，通常無法使對方冷靜下來，對方反而會怒回「我才沒有生氣」。有些人會認為遭到擅自解讀，反而更加不悅。

包括嫉妒心在內的負面狀態遭他人指出，往往只會更加憤怒。現實生活遇到這種情況時，偶爾會有意識到他人的目光而冷靜下來的案例，但是社交媒體中只有惱羞成怒的人，建議不要提及對方的情緒狀態比較保險。

若希望對方冷靜下來，使用更加強烈的情緒（鄭重道歉）等回應，會比較有效。對方憤怒的目的就是為了擾亂，不妨表現出確實被擾亂的模樣，向對方大聲道歉吧。

這種作法在現實生活也可以派上用場，畢竟冷靜道歉卻進一步激怒對方的案例並不罕見。

◎自我防衛術總結

即使按照前述實施所有防衛術，仍有人會不願意善罷甘休。這時請表現得不亢不卑，同時找人商量對策。

有人在網路上持續攻擊自己時可以考慮報警，我們必須努力避免紛爭，但卻不必苦苦忍耐。

即使可以減少攻擊者，也不可能完全消除。在社交媒體上受人注目時，勢必會出現攻擊者，若是不有名卻遇見攻擊者，代表自己具有出名的潛力。

也就是說，自己或許有機會更上一層樓，畢竟會引發他人嫉妒心，代表自己擁有他人嚮往的環境或才能，所以請肯定自己吧。

此外，面對攻擊者的態度與言行，別人也會看在眼裡，**刻意找碴或攻擊的人，都是幫襯自己的反對者。**

❹不要客觀指出對方的情緒

不要嫉妒我
我才沒有嫉妒你

千萬不能對嫉妒自己的人說出「別嫉妒」，對生氣的人說「別生氣」也毫無效果。

真的真的
非常抱歉

想讓對方冷靜下來，可以用更強烈的情緒道歉。但是也會有人得寸進尺，所以不能每次都這麼做。

KEYWORD

忽視技能

可在社交媒體派上用場的忽視能力

◎不予回應的能力

人類是高度社會性的動物，擁有聽到他人提問會想要回應的心理。

舉例來說，偶像團體會刻意與粉絲四目相交或是揮手等，向粉絲拋出一些訊息，而接收到訊息的粉絲，就會想回應或是更加想要為其加油。經營社交媒體時，也會想要回覆所有訊息，但是這麼做卻會造成沉重精神負擔，因此視情況**不予回應的能力（忽視能力）也是很重要的**。

攻擊者在攻擊比自己弱小的人之後，想要確認對方反應的傾向，**所以遭受攻擊時，可以選擇不予回應**。

有些人就是想要看到比自己弱小的人受傷，所以無視他們這個做法基本上是有效的。

遇到不得不回應的時候，說話就要特別強調「我」這個主詞。「你是〇〇」這種說法會進一步刺激對方，所以選擇「我認為〇〇」的表達方式，比較不容易引發糾紛。

適度的忽視能力，能夠避免凡事過於執著，有助於守護自己的心靈。在資訊過於繁雜的時代，要懂得把多餘的聲音當成耳邊風，不要全部都聽進心裡。

不要凡事都給予回應

惡言
負面資訊
找碴

Bye Bye

在資訊繁雜的時代，不要凡事都給予回應，

適度忽視也很重要。

鍛鍊忽視能力的方法

外表也
要好好打理！
「也」？

今天至少
半天不看手機

1 不要解讀話語背後的涵義。

2 拋棄資訊，不要去看。

算了！

獲益良多

3 不要鑽牛角尖。

4 不要記恨，適時反擊。

忽視能力

遇到讓自己不開心的話語，或是造成壓力的事物，不會全部聽進心裡、不會一一給予反應，適度當成耳邊風。面對批評時，僅聽取有助於自己成長的部分，無益的中傷就不要理會，讓心情保持穩定。

從動作看穿他人的謊言

◎手部動作不自然

提早察覺他人的謊言，有助於預防關係惡化。這裡不打算使用誠實與說謊這種二分法，而是去思考對方為什麼說謊？真的必須說謊嗎？進而找出因應方法或改善之道。

說謊時最容易流露出真心的地方是臉部，說謊者會努力控制表情，避免露出破綻。因此要看穿對方的關鍵，在於手腳的動作。

說謊者的手部動作會不自然，時不時會觸摸嘴角或臉頰，**這是種想防止說出真心話的防衛機制，會試圖蓋住嘴部**。

有些人擔心手部動作不自然而被識破，因此會將雙手插進口袋，有些人則會因為不安而雙手緊握。發現不自然的手部動作時，請將其視為線索。

◎足部動作變多

有些人會試圖控制手部動作，但是容易成為盲點的是雙腿，例如雙腿的動作變多，頻繁交叉雙腿或是抖腳等。

腳趾刻意朝向不同方向時，也有可能是在說謊，**代表想逃避說謊造成的尷尬**。

看穿謊言的方法

不擅長掩飾的人，說謊時表情會露餡。但是有些人會注意這部分，因此無法從表情分辨。

及早察覺他人的謊言，並分析出對方說謊的原因，有助於預防人際關係惡化或是加以改善。

留意手部

❶手部動作變多或是試圖藏起手

- 動作變多
- 手會靠近臉頰
- 會觸碰或覆蓋嘴部
- 將手放進口袋
- 雙手用力按住

※越是無法控制自己的情緒，就越難控制自己的手部動作。

留意足部

❷足部動作變多

- 發抖或是抖腳
- 雙腿頻繁交叉
- 腳趾朝向相反的方向
- 看起來想逃跑或是走掉

謊言的種類（僅為部分案例）

電車……

合理化
找藉口

我 還有事……

預設防線
迴避損失

太貴了

虛張聲勢
讓自己看起來更有氣勢

撒嬌
希望他人幫幫自己

不是你的錯

貼心
善意的謊言

設陷阱
想糾纏對方

我祖父留下遺言

利害關係
為自己博取利益

人們有時會為了避免受傷，而說出各式各樣的謊言，例如為沒有交出好成績找藉口的「合理化」、預先避免損失的「預設防線」、為提高自尊而「虛張聲勢」，有時則是「貼心」不想傷害別人。

從說話方式看穿他人的謊言

◎說話方式的觀察重點

除了行為，說話方式暗藏看穿謊言的關鍵。留意他人的說話方式，或許可以注意到謊言。

1. 說話停頓

說謊時，「那個……」、「呃……」這類話語的頻率會增加，因為得說些什麼掩飾自己說謊，**但是緊張會使思考能力變差，想不出接下來要說什麼**。

但是有些人停頓真的只是單純的緊張，因此請搭配其他因素判斷。

2. 聒噪到不自然

相反，有些人說謊就會變聒噪，這是種不給他人思考時間，以利掩飾謊言的心理。

有些人會事後加以解釋剛才所說的內容，**這是源自於不加以說明，謊言會遭識破的不安**。但是不少人會因為多餘的說明，反而使內容不合邏輯。

3. 反應過快

有些人擔心說話停頓而遭懷疑，所以會盡量說得快一點，連點頭速度都會加快。說謊者會特別在意沉默，因此傾向以偏快的節奏說話，有一部分是因為擔心對方提問。

4. 惱羞成怒

有些人會突然發怒，語氣變得尖銳，這類型的人發現身陷對自己不利的狀態，就會用強烈的情緒反彈，以利扭轉情勢，例如手指對方或是威嚇對方。

反覆說著「不對、不對」也很值得懷疑，若想確認對方是否在說謊，可以不斷追問對方感到抗拒的問題，**有些人會因為逐漸邏輯不通，轉而發怒**。

5. 否定時的眼神

有人會在說謊的瞬間，別開視線或是往下看，因此請特別留意對方眼神轉換瞬間所說的話語。

從說話方式看穿謊言

留意對話的「量」

❶說話停頓

❷聒噪到不自然

留意說話時的「行為」

❸反應過快

❹惱羞成怒

❺否定時的眼神

透過察覺細微的不對勁是很重要的，但是線上會議等難以看出動作細節，請專注於對方的說話方式。

KEYWORD

框架效應

改善惡化的關係① 改變想法

從自己開始的微小改變

越是認真誠懇的人，看待事物就越認真，越容易因為傷人話語，或關係惡化感到心痛。就這樣接受現況而強行忍耐，並不是一件好事。說服或是改變對方也很困難，所以想要改善關係，方法之一就是從自己開始改變。

改變解讀事情的角度

試著改變想法，進而調整解讀事情的角度。當人們討厭某個人，很容易專注於對方惹人厭的地方，變得更加討厭對方。相反，若對某個人產生好感，就會專注於對方討喜的部分。這是由於腦內捕捉事物消極部分的活動被抑制而引起的現象，討厭對方就會陷入惡性循環，喜歡對方就會產生良性循環。

因此用更正面的方式看待他人，能夠減輕人際關係中的痛苦。只要**改變自己解讀事物的方法（框架），就能夠改變判斷與評價的現象，稱為「框架效應」**。

因此，遇到易怒的對象，不要認為對方沒有耐性，而是對方能夠坦率表現出情緒；遇到瞧不起他人的對象，不要認為對方傲慢，而是將其視為有自信的人，心情就會變得輕鬆。

改變解讀角度就可以改變框架

改變自己
不要忍耐

改變對方
忍耐

想要改善人際關係，需要的不是忍耐，而是改變自己。

試著調整心態吧，
以頑固的對象為例，

可以將其視為「貫徹始終的人」，這種作法稱為「改變框架」。

良好的框架

- 易怒的人
  沒有耐性 → 能夠坦率表現出自己的情緒
- 看不起他人的人
  傲慢 → 很有自信
- 總是提出細部指示的人
  龜毛 → 認真並且做事仔細
- 總是在炫耀的人
  想壓過別人 → 像孩子一樣渴望他人稱讚

框架效應

即使是同樣的手術，「成功率75%」與「失敗率25%」給人的感覺完全不同。一般來說，只要改成正面的表達方式，受到青睞的機率就會提高。例如：「有20%的人購買」與「每5人中就有1人購買」這2種說法，一看就知道哪一個比較吸引人。

改善惡化的關係❷改變想法

◎培養正面的想像力

面對關係惡化的對象時，會以負面角度解讀對方的行為。有些人是為了保護自己的內心，所以必須將對方視為惡人。

另一方面，有些人會過度認為自己不好而變得沮喪。因此想法不要太極端，同時具備「自己可能也有問題」、「也可能是別人的問題」，反省是很重要的。

此外，當他人說出讓自己不高興的話語，建議稍微提高自己的想像力。

舉例來說，主管提出要求：「振作一點！」

各位或許會覺得悔恨或是沮喪，但是試著調整心態，想著「對方是基於管理階層的責任感，想要幫助我成長才會比較嚴格」，感覺就會不一樣。

只要能夠樂觀思考，對於不同對象說出不一樣的話語，都不會太過糾結。**人類的溝通能力，沒有成熟到能夠精準表達自己的想法**，因為有時必須把話說得曖昧一點，有時也必須隱瞞自己的意圖。

為了這種事情而沮喪，是非常沒有意義的，解讀不同的人事物時，請試著調整心態，讓自己好過一點。

◎藉由感謝改善人際關係

有句話在人際關係的修復上非常有用，那就是「謝謝」，人們聽到謝謝都會非常開心。接收到謝意，也會產生想感謝對方的心理，這就稱為**「互惠性」**，互惠性的效果有時能夠修復人際關係。

但是互惠性有時也會成為利刃，使人際關係在開始期待回應的瞬間惡化。「我都做到這個地步，收到感謝是應該的」、「我都按讚了，本來就應該回來幫我按讚」，產生這樣的情感時，如果未能獲得預期的回應，**可能會開始怨恨對方，所以不要過度期待他人非常重要。**

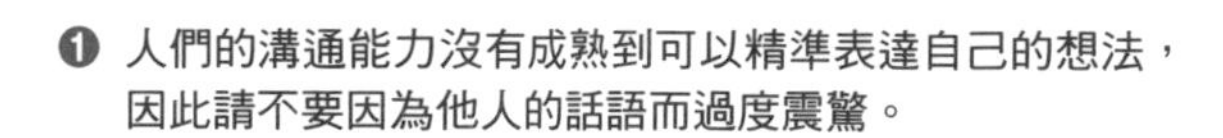

❶ 人們的溝通能力沒有成熟到可以精準表達自己的想法，因此請不要因為他人的話語而過度震驚。

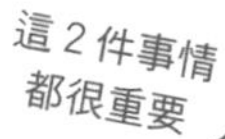
這2件事情都很重要

❷ 請勿對他人抱持過度的期待，過度期待回報會使人際關係陷入瓶頸。秉持著感謝的心情，人際關係的惡化就會慢慢修復。

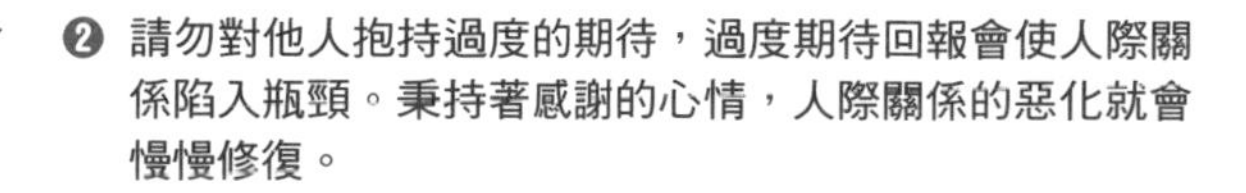

改善惡化的關係❸改變行動

◎行動有助於改變想法

什麼樣的行動有助於改善關係？其實改變行動，想法就會跟著不同。

1. 面對面談話

因為某種原因感到煩躁後，彼此開始不講話，結果越來越討厭彼此——這是關係惡化最常見的劇本，因此面對面談話非常重要。

不必強迫自己和討厭的人對話，但是遇到職場或家庭這種必須想辦法避免關係惡化的場合，就要秉持著想要改善關係的念頭，和對方面對面多多談話。

2. 試著稍微妥協

對方似乎在生氣（不太高興）時，可以先說聲不好意思。從自己開始做出改變，拋棄一點尊嚴，以追求和諧關係為優先，不失為一個好方法。畢竟有時繼續堅持自己的主張，不會有任何益處。

3. 借助色彩的力量

色彩擁有不可思議的力量，能夠改變人們的感情。舉例來說，藍色等冷色系能夠使人冷靜，善用橙色等則有助於促進溝通。

藉由行動改善惡化的關係

1．面對面談話

我說～
嗯嗯

關係惡化使對話頻率降低，進而到達難以修復的地步，是關係惡化最常見的劇本。

基本原則是要秉持著改善關係的心情和對方聊天，有時光是這麼做，就可以恢復原本的狀態。

2．試著稍微妥協

不想道歉，
但是……

是我的錯
不不，
我才該檢討

有錯的是對方，所以不願意道歉——很多人都會這麼想。若想要改善關係，

下定決心道歉，雙方關係會一口氣改善。

3．借助色彩的力量

使關係變和睦的色彩

橘子色

休閒橙

陽光黃

有助於放鬆的色彩

象牙色

抹茶色

綠葉色

雖然有些奇怪，但是可以善用色彩讓人心冷靜下來，色彩能夠在不知不覺間，對心靈深處造成影響。

色彩心理學

世界各地都在探索的心理學類型之一，專門研究色彩對於人類感情與感覺所造成的影響。舉例來說，善用藍色有助於睡眠，善用紅色與橙色有助於提升餐飲店的營業額。

情況不對時用「蜜月」改善環境

◎換新環境讓心情煥然一新

假設你是一位職場主管，當所屬職場的氛圍變得很差，團隊的人幹勁低下，有時只要改變環境，就可以改善關係。

當因為組織變動或人事異動等，導致主管換人做時，團隊的氛圍就會高漲，對人際關係等的構築帶來助益。**環境變化造成的幹勁提升，稱為「蜜月效應」**。

專業運動團隊的教練換人時，正是蜜月效應登場的時刻。足球或棒球等團體運動中，經常可見選手們因此更加活躍。日本政權改變時的支持率提升，除了代表民眾的期許之外，有一部分亦是蜜月效應所造成。

◎蜜月效應之後應做的事情

身為團隊的一員，卻與特定對象處不來而過得很辛苦，可以考慮換個新環境，轉換跑道或是提出職位調動等要求。但是蜜月效應只有1個半月的效果，過了這段期間後就會恢復原狀。

然而，不可能每次碰壁都可以換個新環境尋求成長，因此不能每次都用這種方法改善人際關係，請將其視為最終手段。

蜜月效應的運用方法

環境氛圍惡化時提不起幹勁。

改變環境有助於提升幹勁，請下定決心做出改變。

不行了
忍耐
好
轉換跑道吧
我要加油
不必忍耐
樂在其中

這種現象稱為蜜月效應，但是效果只有1個半月，最長也只有3個月左右。

蜜月效應不能反覆運用，但也不能因此就痛苦忍受現狀，

否則可能將自己逼到沒辦法運用蜜月效應的程度，最理想的還是先構築良好的人際關係。

蜜月效應

心理學家博斯韋爾等人，調查管理人員的工作滿意度，發現接受調查者的滿意度都在剛換完工作時達到巔峰。普遍認為夫婦感情最甜蜜的時期，正是蜜月旅行期間，便依此命名。

如何與個性獨特的人往來？❶

第5章的最後，統整各種個性適合的相處之道，若身旁有符合的對象，不妨嘗試看看。

態度因人而異的人

好惡分明的山豬

- **只對特定部下溫柔**
- **對主管低聲下氣**
- **充滿偏見**

保持距離避免被利用之餘，也要面帶笑容，最重要的是絕對不要私底下說對方壞話。

關係惡化就難以修復，但是試著提問或是面帶笑容仍有機會改善。

◎態度因人而異的個性

有些人的態度會隨著對象改變，例如雖然對中意的部下很溫柔、對主管很誠懇，但是對其他人都態度很差。這種人以自我為中心，行動時總是在內心計算得失，內心不平穩並且偏見強烈。

若態度因人而異的原因是受到利益影響，那麼什麼時候會被利用都不知道。若原因是情緒化，即使對方現在喜歡自己，哪天也可能突然

總是持反對意見的人

頑固的無尾熊
- 不接受新提議
- 討厭新事物
- 重視現在勝於未來

喔～這麼做
好處很多
我試算
過了
企畫書
沒想到不實施會出現
這麼多赤字

總是否定的人很害怕失敗，要促進他們行動，必須提出明顯的好處（壞處的 2 倍以上），或是告知維持原狀的風險，藉此給予適當的刺激，瞄準對方不安的地方，就能獲得良好的效果。

討厭自己。

這種個性的人很難深交，**但請將其視為坦率表現出情緒的人，保持距離之餘微笑以待吧。**

◎總是持反對意見的個性

有些人總是否定他人，個性頑固不接受新的提議，堅持沿用舊方法。**這是因為他們內心滿懷不安，受到「損失規避（不想失敗）」的心理影響。**相較於未來的可能性，更想守護現在的地位。

反過來說，這類型的人確實執行著迴避風險的危機管理，可以說是貫徹始終的個性。

向他們提出新的建議，必須同時提出明顯的好處，告知維持原狀會帶來多大的損失。

KEYWORD

防衛機制
合理化

如何與個性獨特的人往來？❷

善變的人

朝令夕改的兔兔

- 每天說的話都不一樣
- 心情不好會遷怒別人
- 莫名其妙就生氣

執行A吧

昨天明明說B

重視直覺判斷勝於理性思考。

謝謝您

你的提議有邏輯又很棒

提出理性發言或建議，對方可能會刮目相看。

◎善變的個性

有些人的言論會隨著心情改變，其中心情不好就變很兇的主管，更是令人頭痛。面對這種不知道下一秒會有什麼變化的狀態，人們會產生強烈的壓力。

這種個性的人首重直覺判斷，而非理性思考，因此容易受到情緒驅動，可以說是坦率表現出感情的類型。

主管屬於這種類型時，言聽計從是一種方法，**但可以給予理性發言或提議，彌補主管的不足。**

將所有事情正當化的人

正義戰士袋鼠

- 不想認錯，凡事都想正當化
- 犯錯時必須怪罪其他人
- 會怪罪天氣、電車等各式各樣的事物

承認問題
出在我身上太痛苦

都是你們的錯！

雖然態度高壓，內心卻很脆弱，充滿了不安，其中也有感到痛苦的人。

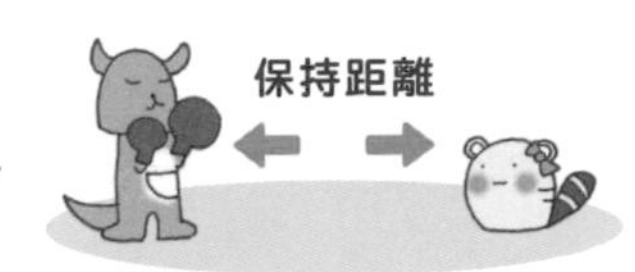
保持距離

指出他們的錯誤時，他們可能會惱羞成怒。盡量保持距離，或是讓他們與具有責任感的人相處，培養他們的責任感。

若彼此只是朋友，就請忽視對方，隨便對方怎麼做，就不容易被對方耍得團團轉了。

◎將所有事情正當化的個性

因為不想認錯，凡事都想正當化的個性，因為坦率承認錯誤會讓這類型的人感到痛苦，必須怪罪某個人或某個事物，才能保護自己的內心。**這是一種「防衛機制」（頁203），為了保護自己而想辦法合理化**，但是沒辦法從失敗中檢討自己就無法成長，整個人會停滯不前。

這類個性的人會用高壓態度，逼大家接受自己才是正確的，內心其實很脆弱，充滿不安。

不要與這類型的人正面起衝突，而是委婉一點說出「或許可以考慮這麼做」。

如何與個性獨特的人往來？❸

總是在炫耀的人

愛炫耀的狒狒
- 隨時隨地談自己的事情
- 想表現自己比較厲害
- 自尊極低

因為這類人隨時隨地都渴望稱讚，所以說聲「好厲害」即可。

真的太煩的時候，可以問一句「你在炫耀嗎」，提醒對方不妥之處。

◎總是在炫耀的個性

有些人開口閉口都在炫耀，總得聽他們的當年勇，恐怕感到很辛苦。其中有些人更是習慣打斷他人，以自我為中心談話。

生而為人會想炫耀很正常，**但是過度炫耀或許源自於自尊偏低**。因為自認為沒有價值，所以想透過炫耀提升自尊，即使乍看充滿自信又驕傲，實際上可能性格單純，只想追求他人的稱讚。若與這類人並無深交，只要簡單稱讚「好厲害」即可。

愛鑽牛角尖的人

記仇鼬鼬

- **負面事物遲遲無法忘懷**
- **對無心話語耿耿於懷**
- **對小事情鑽牛角尖**

保持距離不要深交最為理想。

真的必須與對方往來時，請採取簡單自然的稱讚，太誇張反而會導致對方起疑，進而鑽牛角尖。

◎愛鑽牛角尖的個性

有些人聽到小小的建議或是無心的話語，會認為被過分對待，或是遭到攻擊並耿耿於懷。

這類型的人對事物敏感，容易從負面角度解讀，並深深留在腦海中。原本人類記得不好的記憶，是為了避免重蹈覆轍，但是這類型的人因為產生的不悅太過深刻，反而成為折磨自己的強烈記憶，是玻璃心攻擊者（頁40）常見的現象。

由於這類個性很難改善，試圖說服會受到排斥，日後對方更不願意聽自己說話，所以請盡量保持距離，不要管對方比較好。

KEYWORD

防衛機制

壓抑

如何與個性獨特的人往來？4

◎利己主義的個性

對他人的失敗很嚴格，自己失敗就裝沒事——世界上有這種嚴以律人，寬以待己的人。這類型的人總是任性妄為，不追求他人的認同，僅重視自己的利益。

總是以自我為中心，共感能力相當不足，很難站在他人的角度思考。

與其說是心懷惡意的壞人，不如該說是坦率面對利益，對損益得失相當敏感。

不必與對方爭辯，能保持距離就保持距離。

利己主義的人

自私斑馬

- 嚴以律人，寬以待己
- 以自己的利益為優先
- 共感能力無法確實運作

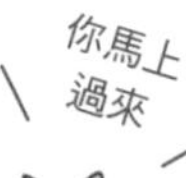

不要與自私的人往來，是為了保護自己，若是未經思考就與對方扯上關係，通常會慘遭利用。

這些人受到稱讚時，會覺得心情很舒服（獲得利益），因此往來時簡單稱讚即可。

不負責任的人

甩鍋狗狗
- 沒有好處就當作沒看到
- 偷偷將工作推給別人
- 總是裝傻

我不想遭受損失
當作沒看到吧
任命你
為主任
咦

這類型的人自保的態度比他人更強烈，因此對損失一事格外敏感。

刻意賦予其職責也是改善方法之一，因為職責有助於培養責任感。

◎不負責任的個性

有些人對於沒有好處的事情就會當作沒看到，或是半途而廢，將工作推卸給他人。**這是「防衛機制（頁203）」的壓抑，將資訊深鎖心底，當作沒有這回事，以保護自己內心的行為**。任誰都會有這樣的心理，並非什麼壞事，但是仍應避免因為自己的裝傻而造成他人的困擾。可以將這類型的人，視為「特別重視自保的個性」。

遇到缺乏責任感的人，不妨刻意敦促他們參與挑戰並獲得成功經驗，或是賦予職責並安排其與具責任感的人相處，有些人會因此改頭換面。若失敗請別苛責，而是找機會再挑戰。

KEYWORD

行為原理

與個性獨特的人相處之道

前面介紹各種獨特的性格，接著將其原因彙整成一覽表，分別是「無法控制情緒」、「防衛心太強」、「自尊太低」、「希望輕鬆一點」。了解獨特性格的行為原理，不僅有助於思考對策，自己的心態也會跟著改變。

舉例而言，在很多人的地方昏倒，反而很難獲得幫助，這是因為人們認為其他人會出手幫忙。只要理解人多反而難以出手相助的機制，自然能夠踏出勇敢的一步，前去協助昏倒的人。

人際關係亦同，不再單純將對方視為難搞，而是理解對方只是「無法控制情緒」，就不會那麼厭惡對方，相處起來自然就輕鬆一些，還能夠從其他角度看待對方。

有時候和難搞的人保持距離，也是不錯的選擇。相處時彼此都能感到幸福的人際關係，能夠帶來更多優點，目前已知與他人維持良好關係，有助於活化腦部，較易獲得療癒的感覺。

所以請理解他人，並協助對方改善，或是改變自己的心態，想辦法構築更優質的人際關係，如此一來，自己也會變得更加幸福。

獨特性格一覽表

防衛心太強

頑固的無尾熊

正義戰士袋鼠

甩鍋狗狗

渴望守護自己的心靈或利益。

無法控制情緒

好惡分明的山豬

朝令夕改的兔兔

記仇鼬鼬

無法抑制自己的情緒，無法控制自己的想法。

希望輕鬆一點

自私斑馬

渴望透過利用他人獲得利益。

自尊太低

炫耀狒狒

想要利用他人提升自己的價值。

Column 5

心理學研究者與歷史

個人心理學

阿德勒 1870年～1937年

出身奧地利的精神科醫師、心理學家——阿德勒，將人際關係的煩惱分成自己的課題與他人的課題，思考「選擇的結果最終由誰承擔」，最後導出解決人際關係問題時，要避免介入「他人的課題」。

阿德勒剛開始對佛洛伊德的精神分析很有興趣，後來卻對他的性欲學說感到厭煩而疏遠。

創立專注於人際關係的個人心理學（阿德勒心理學），至今被活用於各式各樣的領域。

6章

促進對方行動並改變自己的心理學

最後要解說的，是促進他人行動以構築良好關係，以及改變自己讓內心輕鬆的方法。最重要的，就是要了解「人們為什麼這麼想」、「為什麼採取這樣的行動」，光是明白這些，心境就會輕鬆許多。

促進對方行動的基本原則❶

KEYWORD
觀察力
迴力鏢效應
心靈控制

◎透過觀察了解他人

人們擁有形形色色的想法與需求，想要從旁促進行動並非易事，但也不是不可能。**想要促進他人行動，第一個重點在於觀察力**，觀察力可以說是心理學的精髓。

良好的觀察力有助於預測對方的思考與行動，只要能夠預測精準，自然能夠準備相應的對策，因此請專注觀察對方。

觀察對方持有的物品、喜歡的顏色，以及行為傾向等，有助於探索對方的個性，了解對方是促進他人行動的基本。

◎不要批判他人的想法

利用自己的地位或力量脅迫對方行動，即使短時間可以見效，經過一段時間後不管多麼努力，都很難促進對方行動，因為會引發「迴力鏢效應」（頁70），激起對方的反抗心理。

「心靈控制」會徹底否定對方的價值觀與想法，藉此植入符合自己需求的思想，但是批判他人的想法會造成對方的痛苦與警戒，大多數的人都會更不願意敞開心胸。

請不要批判對方的想法，並努力協助對方看見更多選項。

透過觀察看透對方

心理學中最重要的就是「觀察」，仔細觀察即可看見他人的各種面貌。

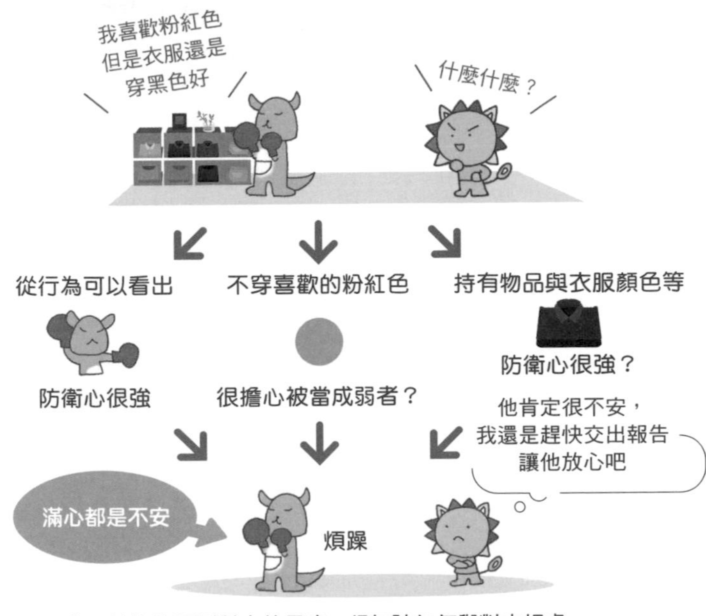

如此一來，就能夠預測對方的反應，得知該如何與對方相處。

此外，請試著體諒而非批判對方，請勿像心靈控制一樣，只想讓對方按照自己心意行事。

心靈控制

意指透過外部的資訊操作，賦予特定思想以控制對方感情。這與洗腦不同，會讓對方誤以為是按照自己的想法做決定。心靈控制會在完全否定對方之餘，表現出非常理解對方的想法，藉此掌控心靈。

KEYWORD
賦予內在動機
比馬龍效應

促進對方行動的基本原則❷

◎賦予內在動機

想要讓人動起來，必須要有憑自己的想法去行動的內在動力，**這正是「賦予內在動機」**。基於好奇心或興趣產生的動機，比起義務或賞罰帶來的外在動機，更加能夠持之以恆。

即使提出「好好相處吧」，只要對方沒有發自內心想要好好相處，無論相處多久都會是平行線。必須讓對方感受到自己的魅力，主動對自己產生興趣才行。

想要促進他人行動時，必須好好琢磨自己的遣詞用字、想法與表情等。

◎認同對方並期許對方

人類想要受到認同、獲得好評的需求逐漸增加，若要促進他人行動，請傳遞「我相信你辦得到」的訊息。

傳遞出信賴與期待時，藉由「比馬龍效應」（頁122），讓對方主動想要建立良好的關係。

「只有你辦得到」這句話的效果更好，因為這代表著對方是很特別的存在。

但是表現過度期待，反而會對方造成壓力，所以請特別留意。

內在動機與外在動機

賦予外在動機或許有立即的效果，但是從中長期來看，容易造成反彈或惰性。

想要促進他人行動時，最重要的就是如何賦予其內在動機。

可以透過認同與信賴促進他人行動。

大部分的人都不想辜負他人的期待。

人們渴望成為獨一無二的存在，因此可以用「只有你辦得到」這句話，表達對方存在的重要性。

內在動機

行動的原因並非因為某種利益或是不想被罵，而是因為有趣、開心、想做，這類從心底湧上的動機，也就是自己主動產生想法，並為了實現目的而行動，稱為內在動機。而外在動機，則是指賞罰驅使下，或是外在條件而產生的動力。

提升自尊以促進對方行動

◎提升自尊以促進他人行動

進一步解說提升內在動機的方法，事實上要促進他人行動，有一種「要求對方給出答案」的做法。

從事企業商品開發與企畫類心理顧問的過程，曾和100名以上年輕開發者與企畫人士交流，發現大多數的人都抱持著「想打造唯有自己辦得到的事物」這種強烈的想法。其中，有些人雖然自尊偏低，卻相當自戀。

因為商品會造成某種心理影響，所以提出「請執行A」的建議時，對方通常不肯採納。

改成用引導的方式，暗示A比較好，再詢問「選項有A、B、C這3種，哪一個做為改善方案最為合適？」很多人都選A，因為人們比較容易接受自己想到的答案，這也成為是因為自己注意到進而改善的成功經驗。

從結果來看，這些人不僅自尊提高，還變得更勇於挑戰。

身為顧問會因為想要受到尊敬，希望能夠在工作上有所表現，選擇採用較強勢的指示。但是這麼做卻無法促進他人行動。

想要提升團隊成員的自尊，進而帶來更多企業利益，必須透過內在動機達成目的。

自尊與內在動機

想被認同
想被稱讚

近年很多人的自尊偏低，
渴望獲得他人的認同。

我不聽
不行不行
不可以改變，
要維持現狀

對這些人生氣或是提出修正的指示，是沒有效果的，因為他們可能會為了保護自己的內心而選擇不聽！

我想自己改變、
自己選擇後，
還想要被稱讚

人們有想要自己做選擇的需求，當主動權遭受壓抑會反彈。

今天「藍」天很漂亮，
好舒服喔。
那麼小麗，
妳想選
哪一個呢？
A
B
A

透過話語或是故事引導
對方選擇，

聽說A角色
大受歡迎！

我
好厲害！

成功體驗有助於提升自尊，讓人產生更多動力，
未來會更主動努力。

選擇需求（自由需求）

人們擁有想要自己做選擇的需求，受到限制就會反彈，這是因為人們期望擁有隨心所欲的自由所致。因此，當現代人的需求受到限制，就會特別容易出現反彈情緒。

構築信賴關係，他人自然會行動

◎促進行動的是「信賴」

即使嚴格的主管目光炯炯，緊盯每個人的業績是否達標，讓部下繃緊神經持續努力，最終部下會筋疲力盡而離職，使得職場一直處於人手不足的狀態。

若是能夠構築雙向的信賴關係，打從心底相信對方，對方自然就會動起來，不必拜託對方，對方也會主動出手。「因為是這位主管，所以我會竭盡全力」、「希望讓團隊成員都感到喜悅」，這種想法的力量才是最強大的。雖然現代社會有越來越多人缺乏共感能力或想像力，但是想要回應他人期待、與他人相處融洽的人也不斷增加。

◎信賴他人，自然就會受到信賴

雖說程度因人而異，但希望他人開心的心情最終能夠成為行動的動力。如果現在你身為主管，是否能夠獲得部下的信賴？是否能夠站在公司的角度保護部下？各位若是一般基層，發現同事或後輩有困擾，是否會無視？

傷腦筋時有人伸出援手是非常開心的事，必須先學著信賴他人，根據**「互惠性」心理現象，會讓對方也給予信賴**。

信賴感的互惠功能

想要中長期促進他人行動，
贏得信賴比賞罰更重要。

奠基於信賴感的互惠功能，
對方容易回以信賴。

如此一來，就能夠培養信賴關係，
構築不易瓦解的交情。

信賴關係的建立方法

- 自主行動優於強制行動
- 重視對方所重視的事物
- 言行一致，採取樂觀積極的行為與言語
- 遵守諾言，並努力守護對方
- 不找藉口，要有道歉的勇氣
- 有話就要說出來，重視雙方的溝通

透過言語交流構築「看得見」的信賴關係，不執著於不明講也能懂的交情。

信賴感的互惠性

人的心理有互惠原則（頁98），獲得什麼就會想要回報什麼。這個原理同樣會在信賴感方面產生效果，獲得某人的信賴，就有比較容易信賴對方的傾向。善用信賴感的互惠性，有助於強化人際關係。

KEYWORD

增強效應
社會性酬賞

請求他人協助時，要稱呼對方的名字

◎稱讚也屬於社會性酬賞

促進他人行動的方法之一，就是提供某種報酬。**獎賞與報酬會化為動力，稱為「增強效應」（頁72）**，不僅金錢或物品會引發如此效果，稱讚等言語上的酬賞也屬於其中之一。

人們會覺得開心的稱讚方法男女有異，男性喜歡和某人比較後勝出的讚詞，在他人面前稱讚更有效果；女性追求他人的理解，稱讚努力過程等不能肉眼所見的部分，效果會比較好。

有個非常簡單的方法，就是請求他人協助時稱呼對方的名字，光是這麼做就能夠發揮酬賞功能。**自己的名字受到呼喊，等同於對方承認自己的存在，這也屬於社會性酬賞之一。在渴望獲得認同的現代，效果等同於一般的報酬。**

◎提供酬賞時要留意對方的狀態

若是在他人主動有所行動，還提供酬賞可能會造成反效果。在電車上讓座給某個人，對方卻表示要提供謝禮，心情會很複雜吧。**人們自動自發的事物，被化作為酬賞而行動，會產生不悅的情緒（過度辯證效應，頁72）。**

此外，長期藉由酬賞促進他人行動，哪天沒有酬賞就會叫不動人。

稱呼名字的效果

記仇
鼬鼬小姐！

對方稱呼
我的名字
我好開心
能不能
麻煩你呢？

請求他人幫忙時，稱呼對方的名字很有效。

被稱呼名字一事具有社會性酬賞的效果。

信賴感與稱呼方法的變化

稱呼	信賴感	關係
○○先生／小姐	（10%）	剛認識沒多久的對象
	（30%）	有過幾次對話，比較熟悉對方。
	（50%）	會提及私生活的事情。
親近的稱呼	（70%）	可以商量事情的關係。
	（90%）	已經構築充足的信賴關係。

在信賴感達50%之前，
請先維持
「○○先生／小姐」
的稱呼吧。
信賴感更高時候，
採用較親近的稱呼，
有助於拉近關係。

什麼嘛，原來是里奧！

尚未構築信賴關係，就隨意直呼他人名字，對方可能會感到抗拒，甚至會覺得在裝熟，取得適度的距離感非常重要。

社會性酬賞

美國某場實驗由教師委託學生採購餅乾，發現有稱呼名字時，達90%的學生都會買回來，反之則只有50%，由此可推測光是呼喊名字，就等同於「認同」。

時間限制可促進他人行動

◎不想蒙受損失的情緒反映在行動上

到災難時，若特定商品面臨缺貨，就會被必須去採購的焦慮支配。**這是受到不想脫隊以及不想損失，進而做出避免損失的「損失規避」心理影響**。想要促進他人行動，只要善用損失規避心理，就能夠帶來不錯的效果。

◎時間限制可刺激損失規避

舉例來說，商務談判時說出「務必列入考量」並離場，對方可能會為了獲得最佳利益而浮現無數苦惱，最後乾脆放棄整個交易。

即使不必急著做出結論，也請告知「若能在今天給出答案，將接受目前提到的條件。若無法在今天給出答案，目前為止的討論就當沒發生過」，儘管對方想要求更好的條件，會覺得妥協才是明智的選擇。在損失規避心理高漲的現代，這個方法的效果相當好。

人際關係中，若出現超過時間就無法獲得協助的氛圍，對方就會積極提問、討論，使關係更加活化。設定時間限制，以刺激損失規避心理，有機會讓關係更加深入。

時間限制與損失規避

咦～好貴喔

老虎飾品2萬日圓
今天限定特價1萬日圓
明天就恢復原價了

訂下交涉的結束時間，
能夠促進他人行動。

現在不買的話
明天就會貴1萬日圓
我不想要損失～
＋1萬日圓

不想蒙受損失的損失規避心理發揮功能。

我要買！

損失規避心理能夠激發強烈的動機。

損失規避心裡也會對人際關係產生影響

正面面對問題
或許會
遭受損失～

若別人覺得我搞錯
我就會蒙受損失

變化會
造成損失

人生就是
充滿得失

請不要單純否定他人的行動，而是思考對方採取該行動的原因，如此一來，就能夠逐漸看出與對方往來的方法。

損失規避

相較於獲得利益，更害怕蒙受損失是人類的基本判斷心理。人類這種不想遭遇任何損失的情感，近年有增加的趨勢，並擴及銀髮族、女性，甚至年輕世代。

得寸進尺與以退為進的談判方法

◎得寸進尺法

有事情要請人幫忙，可以嘗試階段性的得寸進尺法。

一開始先請對方幫忙像影印等簡單的工作，人們內心不喜歡被當成無情的人，因此遇到簡單的委託不太會拒絕，同意的可能性相當高。

接著稍微提升困難度，提出「這個也要麻煩你」，對方會因為曾經接受過請求的關係而不好拒絕，同意的可能性也很高。只要反覆數次，最終就連相當困難的委託也會願意接手。

◎以退為進法

另外還有預設對方會拒絕的委託法，以買車等昂貴物品為例。

與家人商量時，先提出比理想更高級的車款，或許會被罵：「我們家才沒那種閒錢！」這時再提出較低階的車款進一步交涉，即使對方態度依然強硬，內心可能會隱約浮現「再拒絕實在不太好」的想法。只要趁這種想法還在，再次降低條件拜託對方，對方無奈答應的機率就很高。

得寸進尺法（Foot in the Door Technique）

從簡單的事情開始，階段性提高要求，人們就會因為曾經接受過委託，而變得難以拒絕，也較不易感受到困難度。

以退為進法（Door in the Face Technique）

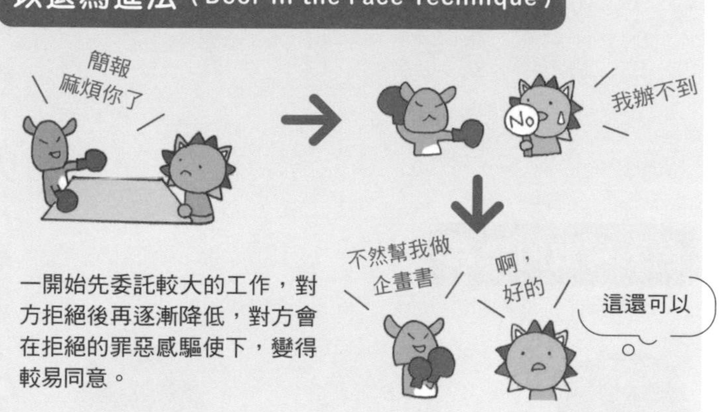

一開始先委託較大的工作，對方拒絕後再逐漸降低，對方會在拒絕的罪惡感驅使下，變得較易同意。

不僅如此法（That's Not All Technique）

網購時經常可見「現在購買的話還附贈○○」的贈品促銷法，原本還在猶豫的消費者就會覺得「既然如此就買吧」。此外，也有應用版本——期間限定的優惠價格＋贈品。

運用色彩讓人不知不覺動起來

◎色彩在不知不覺間觸動他人心靈

善用色彩能夠強化人際關係，因為色彩會在不知不覺間，傳遞出各式各樣的訊息。

例如，粉紅色衣服會釋放「希望他人覺得自己溫柔、可愛」的訊息，橙色衣服則傳遞「一起度過快樂時光吧」的訊息。

若表情能夠和衣服釋放的訊息同步，效果就會更加顯著。例如，傳遞開朗訊息時，搭配燦爛的笑容；穿著單一色彩的衣服，也可以作為向他人傳遞訊息的方法；此外，他人身上的色彩，也能夠當作溝通交流的參考。

色彩釋放的訊息

紅色

- 強悍的意志（力量）
- 希望顯得強悍
- 希望留下深刻印象

淺粉紅

- 希望呈現可愛形象
- 希望顯得溫柔
- 希望為他人帶來幸福感

桃紅色

- 想吸引眾人目光
- 希望他人認真看待自己
- 希望他人守護自己

橙色

- 輕鬆愉快
- 隨時準備出擊
- 邀請他人同樂

黃色

- 迎向新的挑戰
- 抱持愉悅心情
- 想獲得刺激（深色）

綠色

- 想和他人相處融洽
- 追求和平
- 追求放鬆

藍色（亮色調）

- 希望解決問題
- 想發揮創造力
- 希望兼顧自我主張與協調性

藍色（深色調）

- 願意配合他人
- 不想高調
- 追求平靜

紫色（深色調）

- 有自己的個性
- 希望他人注意到自己的煩惱
- 想要和他人不一樣

白色

- 想看起來優美
- 想表現得年輕
- 想和他人保持距離

黑色

- 追求寧靜
- 想做什麼就做什麼
- 想守護自己的內心

紫色（淺色調）

- 個性敏感
- 希望他人支持
- 想做些有創造力的事

KEYWORD

轉變控制

切換心情的重要性

◎心情始終難以切換

越來越多人苦於人際關係，聽到他人的酸言酸語，或是事事不如意就會格外消沉。

身為人類，會消沉是理所當然的，有時即使下定決心要切換心情，卻遲遲切換不了。即使試圖忘記那些難過的事情，要求自己別再負面看待事物，仍有辦不到的時候。

◎現代生存的重要能力

人際關係中切換心情的能力非常重要，不受人際關係折磨的人，往往不容易捲入人際方面的糾紛，能夠迅速從糾紛中抽離。

即使短時間內非常沮喪，但是很快就會想著「好，該努力了」並切換心情。**擁有「轉變控制」的能力，主動做出改變非常重要。**

具體該怎麼做才能夠切換心情呢？

最重要的就是透過「心態」的改變，讓「行動」跟著產生變化。本書彙整了一些方法，並加以解說。

心情切換很困難

人際關係中有許多痛苦的事情。

會消沉是理所當然的。

在充滿不愉快的時代，
切換心情的能力格外重要。

轉換內心攻守的轉變控制能力

長時間消沉並不是件好事。
請切換心情，繼續往前邁進吧。

反省1次，時間控制在5分鐘就好。

失敗或發生壞事的原因在自己身上時，消沉之外也要懂得反省。

轉變控制

籃球或室內足球比賽，攻守交替（轉變）很重要，人心亦同。必須懂得從負面轉換到正面，因此請將「轉變」當成心靈控制的詞彙，幫助自己切換心情。

最快也最簡單的方法就是改變自己

◎花5分鐘自我反省

在切換心情之前，請先思考自己是否有什麼問題。

遇到狀況時直接認定是他人有錯，自己就會停止成長。省思自己的表達方式或行為是否有問題，若有就請想辦法改善。

實在想不出自己有什麼問題，就不要再繼續深入思考，大部分的情況只要思考5分鐘就夠了，繼續煩惱也無濟於事。

若仍滿心憤怒或悲傷，請試著改變自己對他人的看法。

◎心態轉變（負面↓正面）

前面介紹了幾個促進他人行動的方法，但是事實上相較於改變他人，主動做出改變才能更快看見變化。

不要以「他為什麼說這種話」的心態看待，認為是他人的問題，**而是接受自己因此而消沉的事實，並視為是自己的課題去處理**。

有時即使努力排除難受的心痛感，仍會受到這種情緒所支配。

請接受自己正處於消沉狀態，才能夠更輕易地轉變心態（負面↓正面）。

不要將對方視為個性很差的人，而是當成「眾多個性當中，特別不擅長溝通的人」，如此一來，心情也會比較好轉換。

這不代表必須容忍他人詆毀，只是別用攻擊回應攻擊，而是改變自己的心態以脫離戰場。當攻擊越演越烈時也必須適當反擊，但是在這之前要避免為了小事，隨著他人的一言一語起舞。

畢竟，人類的溝通能力沒有成熟到能夠精準表達自己的想法，在搞不清楚對方是否真心這麼想的情況，深受打擊是毫無意義的，深陷負面思考對自己一點好處也沒有。

對方未必能夠精準
表達自己的想法，
所以沒必要認真，
就算對方真的這麼想，
也可能是因為嫉妒。
妳缺乏
才能耶～

不要隨著他人起舞才是明智之舉。

KEYWORD

防衛機制
昇華

運用自我防衛機制

◎讓負面情緒昇華

有許多可以透過行動切換心情的方法，由於人們陷入消沉或憂鬱情緒（思考）時，會出現嘆氣等行為，因此可以將行為轉換情緒。

例如從事有興趣的事情，內心不容易浮現負面情緒，可以藉由興趣堵住負面情緒生成。

有時滿心都是負面情緒或出現想攻擊對方的心情，連原本的興趣都難以對抗。這時可以改為運動或創作，容易在不知不覺間變得專注，有助於將負面情緒轉換成活動的能量。**這正屬於「防衛機制」的一種，稱為「昇華」。**

◎透過減肥維持良好人際關係

英國版《Women's Health》曾經報導，美國路易斯安那州立大學研究團隊的研究調查指出，參加實驗者連續2年將熱量攝取降低25%後，體重平均減少7．6kg。不僅身體變得健康，睡眠品質與心情也獲得改善，為人際關係加分不少。

想要維持良好的人際關係未必需要減肥，但是從研究可以推測，體重仍有可能影響人際關係，可以說是非常有趣的結果。

防衛機制的種類

內心有許多自我保護的防衛機制。

壓抑

假裝沒看見已經注意到的事物。

合理化

找藉口讓無法拿出良好成果變得合理。

投射

將自己內心的缺點歸咎於他人，以保護自己的內心。

昇華

透過運動或社會活動宣洩負面情緒，將其提升為受到社會認同的行為。

防衛機制

昇華是用來保護自我的心理防衛機制之一，受到負面情緒影響導致無法專注於當前活動時，可以投入運動或志工活動等轉換負面情緒。這種做法並非將錯誤歸咎於別人，而是勇於挑戰困難等，是有益身心的防衛機制。

克服人際關係困難的3大關鍵

❶蓋過失敗的印象

有些人和熟人可以大聊特聊，遇到陌生人或不熟的人，始終無法變得更加熟捻。

和不熟的人聊不起來的最大原因，推測是擔心溝通失誤。當彼此關係親近時，即使出錯也能夠挽回，也可以說當彼此之間足夠親近，根本不會想到失誤的可能性。

若想要改善這個狀況，在初步認識的階段請專注於「該如何順利發展」，而非「不順利的話該怎麼辦」。

此外，請牢記和他人變熟並且能夠暢快聊天的感覺。相反，當出錯時請想辦法忘記，避免在下次與他人交流時想起。只要讓經營人際關係變得值得期待，就不會再害怕失誤，同時還能夠不斷收穫成功。

反覆經歷良好的循環，人際關係就不再那麼可怕。事實上，失誤有時反而能夠增加話題，也會是很有趣的經驗。

❷對他人抱持興趣

再者，要對他人抱持興趣，例如，正在說話的對象是多麼棒的人呢？正在想些什麼呢？試著想像就會對說話的對象產生興趣。

產生興趣之後，想了解的事情就會變多，**就能夠將注意力從自己轉移到對方身上**。

專注在對方身上，就不會想著要是失誤會很丟臉等，對話也會更加自在。

❸大量提問

若雙方個性都很內向，往往很難談話愉快，沉默轉眼就會降臨。相反，僅有某一方喜歡聊天，對另一方來說壓力也很大，覺得自己必須說些什麼的壓力，會讓腦袋一片空白。

有些人面對沉默時仍可不斷拋出話題，但是這反而會造成更大的壓力。

不妨試著提問，只要遇到沉默就向對方提問，往往能夠逐漸聊開。

從心理學的角度來看，提問擁有很多優點，**向對方提問等同於暗示對方「我對你有興趣」，因此只要問題不要太奇怪，對方通常能夠接收到我方的善意。**

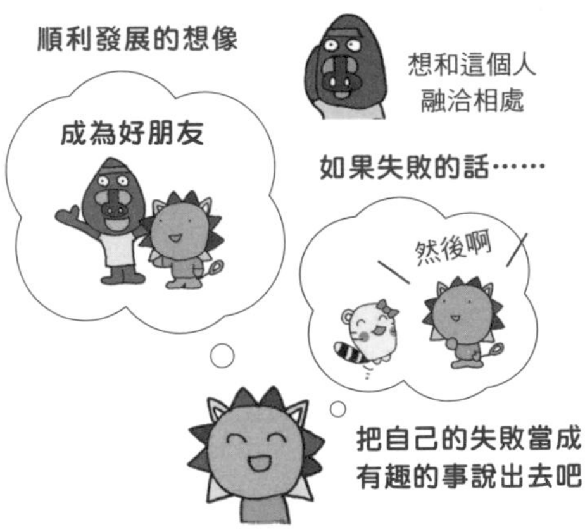

想和這個人
融洽相處

順利發展的想像

成為好朋友

如果失敗的話……

然後啊

把自己的失敗當成
有趣的事說出去吧

無論順不順利，只要懂得善用都可以視為成功，請試著描繪如此未來吧。

藉由提問跨越怕生

◎該提出什麼樣的問題

從改善人際關係的角度，推薦幾個提問方法。若雙方聊到一半突然安靜下來就突然改變話題，有時候相當失禮。因此，當對話空白逐漸拉長，不妨進一步探究正在聊的話題。

假設對方在聊的是好吃的日本料理店，或是自己很推薦的料理時……

◎確認型提問

↓〈你的提問〉可以再跟我說一下剛才那間店的位置嗎？我想做個筆記，聽到你這麼稱讚，我也很想嘗試看看。

↓〈對方的感覺〉自己的話題促進對方行動，對方相信自己的推薦，因此認為這次的對話很有價值，進而感到滿足。

這類提問能夠表現出自己對話題的興趣，以及對推薦者的信任。

◎深入型提問

↓〈你的提問〉除了剛才提到的料理，你還有其他必吃名單嗎？

↓〈對方的感覺〉還能夠進一步說明其他料理，所以很開心。

這種時候別忘了在聽對方推薦的同時，給予「哇～好厲害」、「我好想吃～」等反應。

◎延伸型提問

↓〈你的提問〉現在正是這個食材最好吃的時期，當季的食材還有哪些呢？

↓〈對方的感覺〉能夠分享自己對料理的見解，心情變得很好，也會覺得對話相當愉快。

這類問題能夠刺激對方的知性，除了當季料理，或許還能夠聊到廚師或日本料理方面的事情。但當對方回答不出來時，千萬不能吐槽。

這種提問法不僅可以拿來聊店家，還可以應用在各式各樣的對話，關鍵在於除了選擇自己有興趣的話題，也要慎選對方能夠愉快回答的問題。所以請牢記這個技巧，往後對話時試著穿插提問吧。

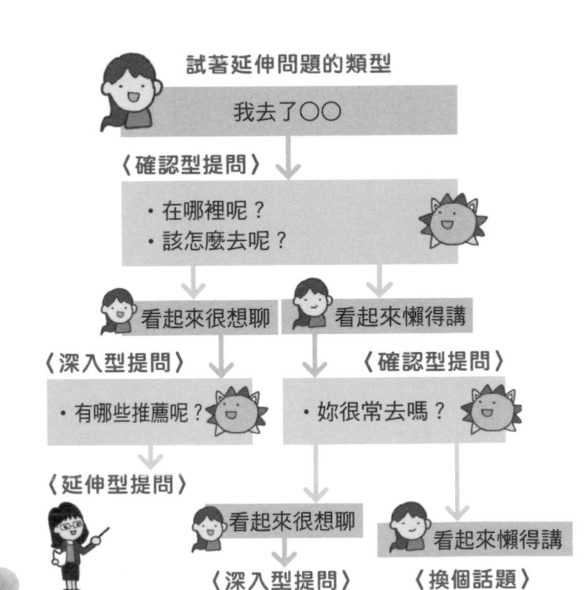

做出特別的行為會讓內心變輕鬆

◎透過行動改變情緒

舊金山州立大學的佩珀教授，在研究中邀請110名學生，分成「低頭走路組」與「手臂與腿部反方向擺動的跳躍組」，並請參加者自我評價完成後的能量等級（幸福感、愉快感、悲傷記憶的甦醒等）。

結果發現，低頭走路的學生能量等級降低，跳躍的學生則升高。由此可以得知，跳躍有助於變得樂觀，姿勢不佳則會使人變得消沉，也就是說**情緒與姿勢和行為有關**。

◎利用腦部的錯覺

目前腦科學已經發現，意識會隨著行為產生變化，例如笑可以讓情緒變得開朗，用有趣的姿勢做事情有助於改善情緒。

因為做出「開心的行動」，讓腦袋誤以為自己很開心所造成的現象，腦袋很常發生這樣的誤解。此外，做出特別的動作時，注意力會放在行動上，心緒就不容易被負面想法支配。

據說個性比較暴躁的馬匹，遇到天候不佳時會專注於腳邊，結果變得比較好控制。

行為能夠改變內心狀態

行為可以改變內心狀態，將人們分成「低頭走路組」與「手臂與腿部反方向擺動的跳躍組」後，針對其能量等級（幸福感、愉快感、悲傷記憶的甦醒等）提問，

低頭姿勢使能量等級降低。

跳躍使能量等級提升。

有時並非因為開心而笑，而是笑了才變得開心。

腦部產生「因為正在笑，所以很開心」的錯覺。

人際關係遇到瓶頸請一笑置之吧！來吧！請揚起嘴角笑出來吧！

成為有魅力的人❶

◎散發魅力的能力

人類是具有高度社會性的動物，博得好感的需求非常強烈。但不要受到這種需求影響，人生會過得比較舒服。

若**世界上有迷倒他人的魅力，以及說服他人的能力，當然會想透過這些能力與大家相處融洽**，而這些能力會在各式各樣情況派上用場。

戰國武將豐臣秀吉擅長使用各種操縱心理的技巧，成為歷史上吸引許多追隨者的知名武將，儘管豐臣秀吉並非出身名家，仍憑藉著迷倒眾人的魅力，成功統一天下。

◎贏得主管信賴、成功說服部下

豐臣秀吉做了哪些事情得以迷倒他人呢？

在金崎之戰中，織田信長由於淺井長政的背叛被逼入絕境，豐臣秀吉接下最危險的「殿後」責任，成為織田信長能夠脫逃的一大功臣。關鍵在於豐臣秀吉接下殘酷的任務，成功贏得織田信長的信任。

據說當時的豐臣秀吉差點遭到３０００人組成的盜賊團襲擊，然而經過他的勸說，盜賊團首領竟然自願追隨豐臣秀吉，為取得天下盡一份心力，亦展現出豐臣秀吉的魅力。

迷倒他人的關鍵

據說戰國時代武將豐臣秀吉非常有魅力，做出許多激發心理效應的行動。

自願接下重擔博取信任，能夠為他人行動非常重要。

半兵衛！

是！

擅長發掘人才，將竹中半兵衛、石田三成等優秀家臣帶在身邊。

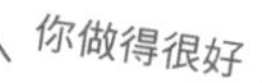

豐臣秀吉不會責怪部下的失敗，而是慰勞他們的辛苦。

豐臣秀吉的魅力心理術

- 對上採取犧牲的行動，並做出實際成果（犧牲奉獻）
- 對下不採高壓管理，而是給予期許（比馬龍效應、賦予內在動機）
- 發掘人才、體諒部下（想像力、共感能力）
- 不會獨佔金銀財寶，而是分配給各個武將（促進外在動機、增強效應）
- 會舉辦大茶會等，向世人宣傳自我（形象策略）

迷倒他人的魅力

即是吸引他人的能力，雖然與「博得好感」是相似的心理狀態，但是未必與喜惡方面的情感有所連結。有時儘管沒有好感，仍可能因為對方的能力高強，而為其才能或技術所傾倒。

KEYWORD

笑容

成為有魅力的人❷

①重視形象

人們容易誤以為行為與形象會一致，實際上卻截然不同。

舉例來說，有在清潔與潔淨感完全不同，即使常常洗手，但是指甲縫隙黑黑的看起來就很不衛生。因此並不是有洗手就好，必須全身上下保持潔淨的氛圍。

想要擁有迷倒他人的魅力，散發出「我對你抱持好感」的氛圍非常重要，**請學會良好的表現能力，展現出願意與他人親近的一面**。

最有效果的就是笑容，笑容好看的人看起來很開朗，會讓相處的人跟著開心。

倫敦商學院的漢迪教授表示，希望博得他人好感時，要反覆提供各式各樣的服務，將「這個人願意為我做許多事情」、「這個人總是笑容滿面」的形象深植人心。因此請在留意表情的同時，反覆做出博得好感的舉止。

②表現出對他人的興趣

人們遇到對自己有興趣的人，會不由自主產生興趣，因此談話時必須將注意力擺在對方身上。而線上會議很難掌握氣氛，比較難看出他人是不是正看著自己。

最重要的並非有沒有實際在聽，而是明確表現出「我有在聽」的模樣。尤其當對象是長者，光是留意這點就足以提升自己的評價與形象。此外，和沒見過的人碰面，事前應想辦法了解對方，這可說是最低限度的禮儀。

❸不要責怪對方

大家都是人難免會犯錯，但當後輩或部下犯錯時該怎麼做？相信大部分的人都會表示先告誡對方並要求對方反省與改善。但是實際上受到情感驅使，表現出憤怒的大有人在。

若真心為對方著想而憤怒就無妨，譬如兒童衝到馬路上，或是說出嚴重傷害他人的言論等。但若只為了自己或公司的面子而憤怒，受責怪的人會覺得怒氣來得沒有道理，所以請切記不要指責對方。

後記

解開自己與他人之間的繩結

總是受到他人影響會失去幸福感，讓自己失去自由的人際關係也非好事。

畢竟是自己的人生，若是一輩子都把時間與情感耗費在他人身上就太悲哀了。

越是苦惱人際關係，就會越認真誠懇，因為真誠看待所有小事，結果總是懷疑自己是不是做錯，或是逼自己更加努力。但是若自己不快樂，就無法真正地為他人帶來快樂。

人們會希望成為他人眼中的好人，但若這個需求太過強烈，只會折磨自己。收到他人請求不懂得拒絕，而承接許多麻煩，就等於緊緊掐住自己的脖子。

許多人都太過渴望成為他人眼中的好人，甚至因此捏造出不同的面貌，辛苦維持虛假的形象。

請試著想像「人與人之間有無形的繩結牽繫著」，繩子的顏色與粗細會隨著牽繫的對象而異。若繩子打結，是不是代表沒有好好發揮自己的長處？是否為了勉強維繫而苦撐？

各位已經一路努力至今，而世間人有百百種，持有的繩子粗細、顏色與數量都不同，不必竭盡全力牽起每條繩子，只要找到讓自己覺得自在的人，並維持自己感到自在的繩子數量即可。

透過心理學了解他人的行為原理，自然會發現繩子難以維繫的理由，以及因人而異的牽繫方式。

人們只會對自己的需求有興趣，儘管如此仍必須思考如何面對自己的需求，以及他人的需求。不要害怕給他人添麻煩，若不小心添麻煩，只要找機會回報對方即可。所謂的人生，就是要「互相」。目前已知「互相」的精神，會對人們的幸福感帶來強烈的影響。

請珍惜自己想做的事情，同時也珍惜別人想做的事情，這樣的生存方法與繩子的維繫方式，才是現今社會所需要的。別擔心，你肯定辦得到。

Pawpaw Poroduction

索引

参考文献

《決定版　色彩心理図鑑》／Pawpaw Poroduction 著（2020 年／日本文芸社）
《マンガでわかる　人間関係の心理学》／Pawpaw Poroduction 著（2010 年 /SB クリエイティブ）
《ヒ目、驚異の進化　視覚革命が文明を生んだ》／マーク・チャンギージー著　柴田裕之譯（２０２０年／早川書房）
《図解ストレス解消大全　科学的に不安・イライラを消すテクニック100個集めました》／堀田秀吾著（２０２０年／ＳＢクリエイティブ）
《自己と他者を認識する脳のサーキット》／浅場明莉著　一戸紀孝監修　市川眞澄編（２０１７年／共立出版）
《性格心理学がとってもよくわかる本》／瀧本孝雄著（２００８年／東京書店）
《なぜ人は他者が気になるのか？　人間関係の心理》／永房典之編著（２００８年／金子書房）
《脳科学者が教える「ストレスフリー」脳の習慣》／有田秀穂著（２０２１年／青春出版社）
《共感する脳》／有田秀穂著（２００９年／ＰＰ研究所）
《三訂版アサーション・トレーニング》／平木典子著（２０２１年／日本・精神技術研究所）

【參考網站】

An FBI Agent's 8 Ways to Spot a Liar 23 years in the FBI taught this entrepreneur how to spot deception when it counts.
https://www.inc.com/justin-bariso/an-fbi-agent-s-8-ways-to-spot-a-liar.htm
Pawpaw Poroduction note
https://note.com/pawpawporoduct

【參考論文】

Erik Peper: Take charge of your energy level and depression with movement and posture（２０１２）
内田由紀子、遠藤由美、柴内康文〈人間関係のスタイルと幸福感：つきあいの数と質からの検討〉（２０１２）
朴喜静、大坊郁夫〈個人特性が嘘をつくときに表れる非言語行動に及ぼす影響〉（２０１４）
玉井颯一、五十嵐祐〈仲間はずれにされることの「心の痛み」を緩和するメカニズムの解明：オンラインの対人関係に着目して〉（２０１９）
豊田加奈子、松本恒之〈大学生の自尊心と関連する諸要因に関する研究〉（２００４）
片岡麻里・久芳美恵子ほか〈ガールスカウト経験が中・高生女子の自己肯定感に与える影響〉（２０１１）

協力

（省略尊稱、排序不分先後）

奈良大樹

內山千春

井上富紗子

横山恭代

沢谷有梨

中村純子

松下美穂

反町良子

柏原佳子

今井麻理

上條直美

新井明日香

吉倉光希

松本眞理子（ゆしき）

TAKIKAWA MASAMI

えんじゅ

かぴ

ちょのまま

おしゃれのいろは

momo

PawPaw色彩研究會的各位

作者
波波工作室（Pawpaw Poroduction）

以「打造能夠觸動人心的歡樂優質事物」為主要方針，提供充滿玩心的企畫，參與業種囊括電影、遊戲、娛樂、時尚、運動等，同時也推出書籍等。專攻色彩心理與認知心理，觸角更延伸至將心理學活用於商品開發或企業顧問。著作包括《「色彩と心理」のおもしろ雑学》（大和書房）、《マンガでわかる色のおもしろ心理学》、《マンガでわかる人間関係の心理学》（以上均由SBクリエイティブ出版）、《色と性格の心理学》、《決定版　色彩心理図鑑》、《ゼロからわかる　知らないと損する行動経済学》（以上均由日本文芸社出版）等。

波波工作室（Pawpaw Poroduction）官網　http://paw-p.com/
Twitter帳號　@pawpawporoduct

封面設計：井上新八
內文設計：四方田　努_sakana studio

ゼロからわかる オンライン&リアルのトラブルを回避 人間関係の心理学
ZERO KARA WAKARU ONLINE & REAL NO TROUBLE O KAIHA NINGEN KANKEI NO SHINRIGAKU

線上線下的關係指南

人際關係心理學

出　　版／楓書坊文化出版社
地　　址／新北市板橋區信義路163巷3號10樓
郵政劃撥／19907596 楓書坊文化出版社
網　　址／www.maplebook.com.tw
電　　話／02-2957-6096
傳　　真／02-2957-6435
作　　者／波波工作室
(Pawpaw Poroduction)
翻　　譯／黃筱涵
責任編輯／詹欣茹
內文排版／楊亞容
港澳經銷／泛華發行代理有限公司
定　　價／380元
出版日期／2023年12月

國家圖書館出版品預行編目資料

線上線下的關係指南 人際關係心理學 / 波波工作室(Pawpaw Poroduction)作；黃筱涵譯. -- 初版. -- 新北市：楓書坊文化出版社, 2023.12　面；　公分

ISBN 978-986-377-926-1（平裝）

1. 人際關係 2. 心理學

177.3　　112018098